KB116677

지적 허영을 위한

퇴근길 철학툰

◆ 고대·중세 편 ◆

지적 허영을 위한 퇴근길 철학툰 – 고대·중세 편

지은이 이즐라
펴낸이 임상진
펴낸곳 (주)넥서스

초판 1쇄 인쇄 2021년 2월 5일
초판 1쇄 발행 2021년 2월 10일

출판신고 1992년 4월 3일 제311-2002-2호
10880 경기도 파주시 지목로 5 (신촌동)
Tel (02)330-5500 Fax (02)330-5555

ISBN 979-11-91209-79-2 03100

www.nexusbook.com

지적 허영을 위한

퇴근길 철학툰

이즐라 지음

고대·중세 편

Qrious

"철학은 돈가스에 곁들인
양배추 같은 것이다."

철학이
뭐길래?

✧ 들어가는 말 ✧

양배추는 좋은 것이다.
정확히 무엇이 좋은지 모르겠지만
아무튼 좋은 것임은 틀림없다.

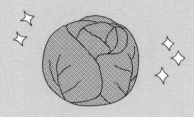

나는 대체로 채식을 지향하지만, 틈틈이 육식도 구걸한다.
사실 이 책의 주제와 무관한 여러 가지 이유로 양배추 같은 채소만 먹고 싶지만
이 책의 내용과 관계없는 이런저런 까닭에 돈가스 같은 육류도 씹고 있다.

오늘은
뭐 먹지?

돈가스는 맛있다. 아주 아주 맛있어서
돈가스에 관한 만화를 그리고 싶어질 정도다.

돈가스는 그 자체로 훌륭하다.
하지만 양배추 샐러드와 함께 먹을 때
좀 더 깊은 차원의 풍미로 도약한다.

돈가스와 양배추의 조합을 물리적으로 경험한 사람은
양배추가 빠진 돈가스에 형이상학적 슴슴함을 느낀다.

양배추는 돈가스를 춤추게 한다. 그리고 그것은
철학이 다른 분야의 독서에 미치는 영향과 정확히 같다.

고대·중세 철학의 근간이 된 18인의 철학자

탈레스
B.C. 624?-546?

피타고라스
B.C. 580?-500?

헤라클레이토스
B.C. 540?-480?

파르메니데스
B.C. 515?-445?

데모크리토스
B.C. 460?-370?

프로타고라스
B.C. 485?-414?

소크라테스
B.C. 470?-399

플라톤
B.C. 427?-347?

아리스토텔레스
B.C. 384-322

디오게네스
B.C. 400?-323

에피쿠로스
B.C. 341?-270?

마르쿠스 아우렐리우스
121-180

플로티노스
205-270

아우구스티누스
354-430

안셀무스
1033-1109

이븐 루시드
1126-1198

토마스 아퀴나스
1225?-1274

윌리엄 오컴
1285?-1349

01

태초에 질문이 있었다

탈레스

B.C. 624? ~ 546?

Thales

하늘의 별을 보며
만물의 근원을 고민했던 서양철학의 빅뱅

내 인생 최초의 기억은, 다섯 살이나 여섯 살 때쯤 있었던 일이다.
좁은 아파트였고, 파란 느낌의 어두운 거실에 엄마와 내가 있었다.

엄마가 밥을 내왔는데, 찬물에 만 흰쌀밥과
종지에 담긴 간장이 전부였다. 그날은
크리스마스이브였거나 크리스마스였다.

당시 나는 당신이 밥 차리는 것을 귀찮아 한다고 생각했다.
그것은 슬프거나 안타깝기보다 차라리 우스웠다.
왜 그렇게 느꼈는지 모르겠지만 나는 그 상황이 재밌었다.

여기까지가 내 인생 최초의 기억에 관한 이야기의 전부다.
나는 왜 하필 이 에피소드가 최초의 기억으로 남아있는지
궁금했고, 그것에는 어떤 의미가 있으리라 추측했다.

그동안 이 질문에 대한 대답을 적극적으로 갈구하진 않았지만
그렇다고 완전히 내팽개치지도 않았던 것 같다.
특별히 의식하지 않고 살았음에도 마침내
어떤 종류의 실마리를 발견했기 때문이다.

서양철학사가 최초로 기억하는 철학자는
고대 그리스의 식민 도시였던 밀레투스 출신의 탈레스였다.

탈레스 B.C. 624? ~ 546?

밀레투스*는 페르시아와 그리스 본토 사이에 위치했기에
다양한 문화가 뒤섞이면서 유복한 무역 도시로 성장할 수 있었다.
부의 축적을 통한 삶의 여유를 바탕으로 외부 민족의
이질적인 세계관이 혼합될 수 있었기에 철학이라는
새로운 사고방식이 탄생할 수 있었던 것이다.

* 고대 그리스 이오니아 지방의 도시. 현재 터키의 남서부.

탈레스에 대한 정보는 많지 않다.
그에 관해 남아 있는 이야기는 후대 사람들이
뜨문뜨문 기록한 내용을 짜깁기한 것에 불과하다.

17

지금까지 전해지는 기록을 바탕으로 이야기해 보자면
탈레스가 특출난 인물인 것은 확실해 보인다.
고대 그리스 7현인 중 최우선으로 거론되는
인물이 바로 탈레스이기 때문이다.

탈레스는 기하학과 천문학에 관심이 많았다.
그가 현인으로 알려질 수 있었던 이유 중 하나는
기원전 585년 5월 28일에 일어난
일식을 정확히 예측했기 때문이다.

탈레스는 어렸을 때부터 아버지와 함께 여러 곳을 여행했는데
그가 이집트에 있을 때 피라미드의 높이를 측정한 이야기 역시 유명하다.

※ 피라미드 그림자의 길이와 수평선 위에 떠오른 태양의 고도를 이용하여
피라미드의 높이를 쟀다는 이야기도 있다.

그 밖에도 처음으로 작은곰자리를 발견했다거나
수학에서 최초로 증명이라는 개념을 사용하여
삼각형의 닮은꼴에 관한 정리를 증명했다는
전설도 전해지는데 확실한 것은 아니라고 한다.

이런 일화도 있다. 탈레스가 별을 관찰하느라
하늘만 바라보고 걷다가 우물에 빠졌고,
이를 본 어느 하녀가 이렇게 말한 것이다.

쓸모없는 일만 한다고 사람들이 탈레스를 비웃자,
그는 자신의 영리함을 이용하여 돈을 벌기로 결심한다.
날씨를 관찰해 그해 올리브가 풍년임을 예상한 탈레스는
헐값일 때 올리브 짜는 기계를 독점했고, 풍년일 때
비싼 가격으로 임대하여 큰돈을 벌었다.

비록 그가 아주 영리하긴 했지만, 그것만으로 탈레스가
서양철학자의 시초로 불리게 된 것은 아니다.
최초의 철학적 사유가 그에게서 시작되었기 때문이다.

그것은 탈레스의 뜬금없는 궁금증에서 비롯되었다.
어느 날 문득, 아무짝에도 쓸데없는 질문을 던진 것이다.

★ 근원, 가원, 원리, 근본 성질 성질을 뜻하는 그리스어.

철학이란 본질적인 물음이나 근본적인 의문에 관해 탐구하는 학문이다.
탈레스는 만물의 근원을 묻는 심오한 질문에 거침없이 물이라고 대답했다.

탈레스는 물이 모든 생명의 근원이면서, 온도에 따라
형태가 변할 수도 있기에 모든 것에 스며들어 있다고 생각했다.
하지만 21세기를 살아가는 우리에게 만물의 근원이
물이라는 설명은 우스꽝스럽게 느껴진다.

우리는 왜 아직 탈레스를 기억하고 철학이란 학문을 중요하게 생각하는 걸까?
그것은 탈레스가 밝혀지지 않은 현상에 대해 신화나 종교에 기대지 않고
최초로 이성적인 추론을 통해 합리적인 대답을 내놓았기 때문이다.

모든 사람이 만물의
근원을 신이라고 말할 때,
과학적인 태도로 다른 대답을
내놓았다는 건 분명
대단한 일이야.

비다!

신께서 노하셨다!

몇몇을 제외하고는 탈레스가 내놓은 대답을
아무도 진지하게 받아들이지 않았지만
그가 남긴 질문은 후대로 이어져 밀레투스학파를
형성하고 철학이라는 학문을 탄생시켰다.

결국, 만물의 기원에
대한 탈레스의 물음이
지금의 철학을 만든 거구나.

질문은 질문을 낳는다. 왜 하필 그 일이 최초의 기억일까?
뭐가 그렇게 우스웠던 거지? 난 왜 이런 게 궁금하지?
그러니까, 내 인생 최초 기억은 무슨 의미지?

내가 가진 이상한 물음들에 정답이 있을까?
탈레스는 나에게 그럴듯한 답변을 가르쳐주진
않았지만, 대신 이렇게 귀띔해 주는 것 같다.

그러니까, 나는 앞으로도 최초 기억의 의미를 궁금해할 것이고
계속해서 대답하기 애매한 질문들을 던져나갈 것이다.

사람을 생각하게 만드는 건
완벽한 대답이 아니라 불완전한 질문이다.
그리고 그것이야말로 철학의 역할일지 모르겠다.

02

감탄하라!

피타고라스

B.C. 580? ~ 500?

Pythagoras

콩을 두려워하고 수를 경배했던
고집스러운 수학자이자 미스터리한 철학자

탈레스가 던졌던 도발적인 질문은 세상의 미스터리를
신화로 해결했던 사람들에게는 별다른 흥미를 끌지 못했다.
하지만 어떤 사람들은 탈레스의 질문에 영감을 받았고,
이를 진지하게 탐구하기 시작하면서 각자의 대답을 내놓기 시작했다.

탈레스의 제자였던 아낙시만드로스는 만물의 아르케가
무한자(Apeiron)*라고 생각했다. 또한 아낙시만드로스의
친구였거나 제자였던 아낙시메네스는 공기라고 주장했다.

아낙시만드로스
B.C. 610 ~ 546

아낙시메네스
B.C. 585? ~ 525

＊ 영원히 존재하면서 끊임없이 운동하는 무한한 어떤 것.

28

하지만 탈레스의 질문에 최초로 그럴듯한 대답을 내놓은 인물은
밀레투스 서쪽에 위치한 사모스섬 출신의 피타고라스였다.

만물의 아르케는
수(數)다!

피타고라스 B.C. 580? ~ 500?

고대 철학자 대부분이 그렇듯이, 피타고라스에 대해 우리가
알고 있는 사실은 지금까지도 논쟁의 대상이 될 만큼 모호하다.
피타고라스 역시 저서를 남기지 않았기에, 단지 호사가들의
모순된 기록에 의존하여 그의 자취를 추정할 따름이다.

워낙
옛날 사람이니
어쩔 수 없지.

사모스의 어느 부잣집 아들로 태어난 피타고라스는
사모스의 지도자를 혐오하여 크로톤이라는
이탈리아 남부에 위치한 그리스 도시로 이주한다.

피타고라스는 크로톤에 정착하여 자신의 사상을 전파하기 시작했고
학술적이면서도 종교적인 공동체를 설립했다.

피타고라스가 세운 교단은 은밀하고 엉뚱하면서 신비로웠다.
교단의 주요한 가르침 중 한 가지는 "영혼은 불멸하기에
육체가 소멸하면 다른 몸으로 이동한다"는 것이었다.

동물을 해치지 말게!
그 짐승 안에는 우리 조상의
영혼이 들어있다네.

따라서
육식도 안 돼.

그들에게는 엄격한 교리가 존재했는데
가장 중요한 첫 번째 계율은 바로 이것이었다.

콩을
먹지 말라

그 밖의 다른 규칙으로는
떨어뜨린 물건을 줍지 말라,
불빛 옆에서 거울을 보지 말라
등이 있다.

그렇지만 이러한 원시적인 교리보다 중요했던 것은
우주의 근본 이치가 수라는 사실이었다.

피타고라스는 이 명제를 음악에서 확신했다.
음악에서 음정의 관계는 정확한 수학적 규칙으로
이루어져 있다는 걸 발견한 것이다.

그는 우주를 가리켜 질서 있고 조화로운
세계라는 뜻으로 코스모스(cosmos)라 불렀다.

또한 철학이라는 용어를
만들고, 스스로 철학자라고 칭한
최초의 인물이기도 하다.

피타고라스는 숫자에 어떤 속성이 있다고 생각했다.
1은 점, 2는 직선, 3은 면, 4는 입체라는 식이었고,
1, 2, 3, 4를 모두 더한 숫자인 10은 테트락티스(tetraktys)
라고 부르며 신성하고 무결한 수로 여겼다.

보라! 어느 쪽에서
보아도 완벽한 비례와
조화를 이루고
있지 않은가?

초롱
초롱

아아,
아름다워.

피타고라스에게 정말 중요한 것은 수 그 자체라기보다 수의 '조화'였다.
그에게 수적 조화를 이룬 것들은 확실하고 훌륭한 것이었으며
부조화의 상태를 이루는 모든 것은 불확실하고 부정적인 것이었다.

피타고라스는 수적 조화와 질서를 통해 인간의 영혼을
정화할 수 있다고 믿었다. 실제로 피타고라스가 발견했는지에
대해선 의문이지만, 피타고라스의 정리가 나올 수 있었던 것도
그가 수를 집요하게 추구했기 때문이었을 것이다.

하지만 피타고라스의 정리는 피타고라스학파에게 엄청난 혼란을
안겨 주게 된다. 피타고라스학파는 모든 수를 분수로
표현할 수 있다고 여겼는데, 피타고라스의 정리로 인하여
정수의 비로 표현할 수 없는 망측한(?) 수가 발견된 것이다.

불확실하면서 조화롭지 않은 수, 즉 무리수를 발견한 것이다.
피타고라스학파는 무리수의 존재를 철저하게 숨겼다.
어느 기록에 따르면 나중에 이를 어기고
외부에 발설한 사람을 바다에 빠뜨려 죽였다고 한다.

피타고라스의 죽음에 대해서는 여러 설이 있는데
가장 흥미로운 일화는 이것이다. 피타고라스학파는
크로톤의 정치에 영향력을 행사할 만큼 교세가 늘어났다.

그러던 중, 교단의 입단을 거부당한 어떤 사람이
피타고라스학파가 모인 집에 불을 지르게 된다.
피타고라스는 탈출을 시도했지만 집 주변의 콩밭을
지나가지 못하고 그대로 재가 되고 말았다는 것이다.

피타고라스의 생애나 죽음에 대한 정확한 사실도 궁금하긴 하지만
무엇보다 내가 궁금한 것은 수에 대한 피타고라스의 애착이다.

그는 왜
그렇게 수에
집착했을까?

혹시 그것은 '경이감'에서 비롯된 것은 아닐까? 피타고라스는 다른 무엇도
아닌 수에서 순수한 경이로움을 느꼈고, 그것이 피타고라스라는
신비로우면서도 이성적인 철학자를 만든 건 아닐까? 플라톤의 저서
〈테아이테토스〉에서 소크라테스는 이러한 경이감에 대해 이렇게 말했다.

경이란 철학자의
감정이며, 철학은 경이에서
시작된다네.

아리스토텔레스도 경이감에 대해 이런 말을 덧붙인다.
"태초에 철학을 시작한 것은 경이 때문이며,
대상에 대한 놀라움이 궁금증을 불러일으켰고,
그것은 순수한 앎을 추구하게 만들었다."

혹시 다른
학문이나
예술도?

나는 아직도 만물의 아르케가 무엇인지 잘 모르겠다.
그렇지만 나 자신을 행동하게 만드는 아르케가 있다면
어쭙잖게나마 알 것 같은 느낌이 든다.

어쩌면 인간을 추동하는 건
무언가에 대해 순수하게 놀라워하고
진심으로 신기해하는 마음 아닐까?

문득, 작년 겨울에 썼던 일기를 꺼내 보았다.
피타고라스 교단처럼 은밀하고 엉뚱하면서 신비로웠던
일기의 마지막 구절은 이렇게 끝을 맺고 있었다.

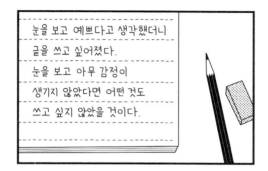

눈을 보고 예쁘다고 생각했더니
글을 쓰고 싶어졌다.
눈을 보고 아무 감정이
생기지 않았다면 어떤 것도
쓰고 싶지 않았을 것이다.

03

오만과 편견

헤라클레이토스

B.C. 540? ~ 480?

Heraclitos

난해하지만 심오한 이야기로
모두를 생각에 잠기게 만든 괴팍한 천재

나에게는 감기처럼 찾아오는 질병 같은 습관이 있다.
그것은 잘 모르는 것에 대해 애매하게 아는 척하는 것이다.

지식을 전시하는 일이 자랑스럽게 느껴졌기에
무지를 인정하는 일은 부끄럽게 느껴졌다.
그렇기 때문에 아는 것을 슬그머니 드러내는 일은
모르는 것을 은밀히 감추는 일만큼 중요했다.

난 왜 모르면 모른다고 솔직하게 말하지 못할까?
바보 취급당하기 싫어서? 아마 그것은 나 자신이
무지한 사람을 은근히 무시했기 때문일지도 모른다.

서양철학사에서는 대놓고 무지를 경멸했던 철학자가 있다.
꼬장꼬장하고 미스터리한 천재 헤라클레이토스가 그 주인공이다.

헤라클레이토스 B.C. 540? ~ 480?

＊디오게네스 라에르티오스 지음, 전양범 옮김,
『그리스철학자열전』, 동서문화사, 2008, p587

헤라클레이토스는 그리스의 식민 도시였던 에페소스(Ephesos)*의
귀족 가문에서 태어났다. 그는 장남이었기에 최고 공직을
물려받을 수 있었지만, 이를 동생에게 양보하고
자신은 사람들을 피해 산속에서 살았다.

에페소스의
성인들은 전부
목매달아 죽어
마땅하다.

↑자신의 친구가 도시에서
추방당했을 때 했던 말.

* 현재는 터키 땅으로, 성서에서 말하는 에베소스가 에페소스이다.
참고로 역사의 아버지 헤로도토스의 고향이기도 하다.

심지어 그는 호메로스(Homeros)*나 피타고라스 같은
유명한 선대 지식인들까지도 서슴지 않고 비난했다.

"박학은 견식을
가르치지는 않는다."

* 〈일리아스〉와 〈오디세이아〉의 작가로 알려진 전설적 인물.

사람들은 이러한 헤라클레이토스를 가리켜 어두운 사람,
우는 철학자, 수수께끼 같은 자 등으로 불렀다.
그의 사상이 심오한 경구나 짤막한 잠언의 형식으로
이루어져 있기에, 명확한 뜻을 헤아릴 수 없었기 때문이다.

소크라테스조차
그의 사상을
이해하기 위해서는
델로스의 잠수부가*
필요하다고 말했다지.

*한 분야에서 정통한 전문가가 필요하다는 뜻이다.

헤라클레이토스의 학설 중 가장 유명한 것은
'판타 레이(Panta rhei)', 즉 '모든 것은 흐른다'는 만물유전설이다.
그는 만물이란 고정된 것이 아니라 변하는 것이라고 생각했다.

계절이나 인간의
생로병사 같은 것을
생각하면 자연스러운
생각이군.

만물의 변화에 관한, 헤라클레이토스의 가장 유명한 격언은 이것이다.
"같은 강물에 두 번 발을 담글 수 없다."
새로운 물이 계속 흐르고 있고, 우리 자신도 그사이 달라지기 때문이라는 것이다.

헤라클레이토스는 만물의 생성과 변화 속에 내재된
법칙이 있다고 생각했고, 이를 '로고스(Logos)*'라 불렀다.
그는 이러한 로고스에 귀를 기울여야 한다고 주장한다.

* 이성, 말씀, 논리 등을 포함하는 개념으로,
헤라클레이토스는 법칙과 원리라는 뜻으로 사용했다.

그가 말하는 로고스란 '대립'과 '투쟁'을 통한
생성과 변화다. 헤라클레이토스는 세계를
서로 반대되는 대립항들의 상호작용으로 파악했다.

신은 낮과 밤이며,
겨울과 여름이고,
전쟁과 평화이며,
포만과 굶주림이다.

만물은 대립물을 통해 존재하기에, 외적으로 모순적이고
내적으로 불안하다. 불안정하기에 세계는 변화하고, 변화는 '투쟁'을 통해
조화와 통일을 이룬다는 것이 헤라클레이토스의 설명이다.

투쟁은 만물의
아버지다.

헤라클레이토스는 이러한 세계를 불에 비유하며
만물의 아르케는 불이라고 주장했다.

세계는 법칙에 따라
타고 꺼지기를 반복하며
살아 움직이는 불이지.

또한 이런 말도 남겼다.
"만물은 불과 교환되고 불은 만물과 교환된다.
마치 물건이 금과 교환되고 금이 물건으로 교환되듯이."

무슨 의미지?

알쏭
달쏭

헤라클레이토스는 불에 대해 명확한 설명을 남기지 않았다.
후대 사람들은 헤라클레이토스가 말하는 불을 물질적 원료라고 생각하지 않고
세상의 원리나 법칙을 상징하는 개념으로 받아들인다.

왜 이렇게 모호하게
말씀하시는 거죠?

신탁도 의도를
누설하거나 숨기지 않고
그저 암시로 나타낼
따름이라네.

산속에 은둔하며 지내던 헤라클레이토스는 말년에
수종(水腫)에 걸리게 된다. 그는 몸속의 수분을 제거하기 위해
온몸에 소똥을 발랐고, 대략 60세의 나이에 숨을 거두었다.

소똥에 덮인 그를
개가 물어뜯어 죽였다는
이야기도 있지만,
진실은 아무도 모르지.

정확한 기록이
없으니까.

헤라클레이토스의 사상은 수수께끼처럼 알쏭달쏭하다.
〈자연에 대하여〉라는 책을 한 권 썼다고 하는데
온전한 형태가 아닌 조각난 단편의 형태로 전해진다.

그마저도 일부러 이해하기 어렵게 썼다고 하니, 해석이 어려운 건 당연할지도.

대중의 무지를 혐오했던 헤라클레이토스를 읽으며 떠올랐던 생각은
엉뚱하게도 어느 심리학자가 들려준 이야기였다.

인간이 무엇에 대해 모른다는 것을 바로 알 수 있다는 것은 대단한 능력입니다.

인간보다 오래 걸리죠.

왜냐하면 컴퓨터는 모른다는 대답을 출력하기 위해 하드디스크 전체를 스캔해야 하거든요.

'인간이 무엇에 대해 모른다는 것을 바로 알 수 있다는 사실'의
유의미함은 컴퓨터의 처리방식과 인간의 사고방식을
대립 시킴으로써 생겨난 관념이었다.

헤라클레이토스에 의하면 무지가 있기에 앎이 있고, 앎이 있기에 무지가 있다.
그리고 이 둘은 투쟁을 통해 조화를 이룸으로써 결국 하나가 된다.

우리는 무지를 자각하고 인정함으로써 앎을 받아들일 수 있다.
공자도 "아는 것을 안다고 하고 모르는 것을 모른다고 하는 게 앎"
이라고 말하지 않았던가.

그러니까 정말 한심한 부류는 무지한 인간이 아니라
모르면서 모르는 것을 인정하지 않는 나 같은 인간일 것이다.

물론, 앎이 중요하지 않다는 건 아니다.

04

일자의 세계

파르메니데스
★ B.C. 515? ~ 445? ★

Parmenides

엄격한 이성과 독창적인 논리로
진리를 탐구했던 철두철미한 합리주의자

항상 이성적인 사람을 동경해 왔다.
감정에 휘둘리지 않고 철저하게 이성적으로
문제를 해결하는 사람이 멋있다고 생각했다.

이성은 곧 합리성이었다.
따라서 이성적인 인간이 합리적인 인간이었고
이성적인 판단이 합리적인 판단이었다.

문득 궁금해진다. 감정보다 이성을 중시하는
이데올로기는 언제, 어디서 비롯되었을까?

철학에서 감성보다 이성을 여겨 생각하여 이성으로
세상의 진리를 파악하고자 했던 사상을 합리주의라고 부른다.

서양철학사에서 합리주의의 뿌리를 찾아 거슬러 올라가면
고대 그리스의 식민지였던 엘레아 출신 철학자 파르메니데스가 있다.

진리의 기준이
될 수 있는 건
오직 이성뿐.

변덕스러운 감각
같은 건 도무지
믿을 수가 없지.

파르메니데스 B.C. 515? ~ 445?

고대 그리스의 철학자 대부분이 그렇지만, 파르메니데스의 행적은
특히 더 묘연하다. 단지 노인이 된 파르메니데스가 아테네에 방문하여
젊은 소크라테스와 토론을 벌였다는 이야기 정도만 전해질 따름이다.

▲ 당시 일화는 플라톤의 저서 〈파르메니데스〉에 남아 있다.

그럼에도 불구하고 그의 사상이 지금까지 보존될 수 있었던 건
그가 지은 〈자연에 관하여〉라는 책의 일부가 토막글로 남아있기 때문이다.

실제로 파르메니데스는 헤라클레이토스와 1+1 패키지로 설명되거나
헤라클레이토스의 라이벌로 묶여서 소개되는 경우가 많다.
헤라클레이토스가 만물은 변한다고 강조한 것에 비해
파르메니데스는 만물은 변하지 않는다는 주장을 펼쳤기 때문이다.

파르메니데스는 불확실한 감각 경험을 배제하고
오직 이성의 논리적인 추론을 통해
변화란 불가능하다는 결론을 내렸다.

그는 어떻게 해서 우리의 일반적인 직관과 어긋나는
얄궂은 결론을 단호하게 주장할 수 있었을까?
파르메니데스의 논리는 이렇게 시작한다.

계속해서 그의 말을 들어보자.
"우리는 존재하는 것에 대해서 말하거나 떠올릴 수 있지만,
존재하지 않는 것에 대해서는 알 수도 생각할 수도 없다."
즉, 무(無)라는 것은 존재조차 할 수 없기에, 우리가
생각할 수 있는 것은 오직 존재하는 것들이란 이야기다.

나아가 그는 존재의 운동을 부정한다.
운동이 가능해지려면 빈 곳이 필요한데,
빈 곳이라는 것은 무라는 뜻이다.
그리고 무라는 것은 존재할 수 없기에
빈 곳이 없는 세계에서 운동은 불가능하다는 것이다.

게다가 존재는 생성하거나 소멸하지도 않는다.
생성과 소멸의 개념을 설명하기 위해서는 무의 개념이 필요하기 때문이다.
그렇기 때문에 파르메니데스는 존재하는 것은
'나눌 수도 없고 변할 수도 없는 하나의 연속적인 전체'라고 결론지었다.

모든 존재가 하나라는 개념이,
그 유명한 '파르메니데스의 일자(一者)'다.
그는 이 세계를 운동도 변화도 없이 단단한 균질로
이루어진 완전한 구의 형태라고 생각했다.

파르메니데스의 제자 제논은 변화의 가능성을 주장하는 사람들로부터
스승의 이론을 방어하기 위해 제논의 역설을 고안했다.

제논 B.C. 490? ~ 430?

아킬레스와 거북이가 달리기 경주를 하는데
거북이가 아킬레스보다 조금 앞에서 출발했다고 치자.
제논에 의하면 여기서 아킬레스는 아무리
빨리 달려도 거북이를 따라잡을 수 없다.

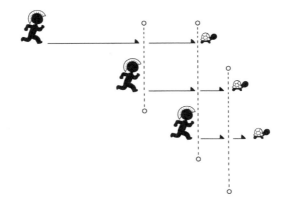

아킬레스가 거북이의 출발 지점에 다다랐을 때 거북이는 그동안
조금 앞으로 나갔을 것이고, 아킬레스가 다시 거북이가 있었던 자리에 다다랐을 때
거북이는 그동안 또 앞으로 나갔을 것이다. 이러한 일이 무한히 반복되다 보면
아킬레스는 결코 거북이를 따라잡을 수 없다는 것이 제논의 주장이다.

물론 현실 세계에서는 아킬레스가 거북이를 가볍게 따라잡을 것이고
제논도 그것을 모르지는 않았을 거다. 다만 그의 의도는 실체의 부정이 아니라
운동이라는 개념 자체를 논리적으로 반박하려 했던 것이었다.

감각 경험은 제쳐두고, 이성을 통한 순수 사유만으로 자신의
철학을 전개했던 제논과 파르메니데스의 사상은 특기할 만하다.
제논의 역설은 수학에서 무한의 개념에 영향을 끼쳤고,
파르메니데스의 학설은 형이상학에서 존재론이라는
거대한 흐름의 씨앗이 되었기 때문이다.

철학에서 이성에 대응하는 개념은 감성이지만,
실생활에서 이성에 대립되는 개념은 감정일 것이다.

※ 철학에서 말하는 감성은 외부 세계를
감각하여 받아들이는 인식 능력을 뜻한다.

우리는 보통 감정을 억제하고 이성적으로 사고하는 태도를 지향한다.
과면 감정은 이성을 방해하는 걸리적거리는 장애물에 불과할까?

현대 신경과학에 따르면, 우리가 흔히 생각하는 것처럼
감정을 무시하고 이성을 통해 문제를 해결하는 방법은
위험할 뿐만 아니라 결코 합리적이지 못하다고 한다.

제럴드 에덜먼 1929 ~ 2014

실제로 감정을 주관하는 뇌 부위에 손상을 입었던 어떤 환자는
논리적인 판단을 요구하는 문제는 풀 수 있었지만,
실생활에서는 무책임하고 반사회적인 결정을 내리거나
중요한 일과 중요하지 않은 일을 구분하지 못했다고 한다.

이성이냐 감정이냐. 어쩌면 이성과 감정은
긴밀하게 연결된 일자 같은 걸지도 모르겠다.
만약 그렇다면 굳이 수직으로 정렬해서
우열을 따질 필요도 없지 않을까 싶다.

05

앎의 기쁨

데모크리토스

• B.C. 460? ~ 370? •

Demokritos

권력이나 재산보다
배움의 쾌락을 성실하게 갈망한 유쾌한 모험가

파르메니데스의 학설은 그 후에도 영향력을 행사했고
엘레아학파로 이어졌다. (엘레아는 파르메니데스와 제논의 고향이다.)
하지만 어떤 철학자들은 그의 주장에 순순히 동의할 수 없었다.

파르메니데스의 반대자들은 무에서 유가 나올 수 없다는 생각은 받아들였지만
물체의 변화(운동)가 불가능하다는 주장은 받아들이기 어려웠다.
그들은 무에서 유가 나올 수 없다는 원칙은 유지하면서
만물의 변화를 설명하고 싶어 했다.

*기원전 5세기에 활동한 고대 그리스 철학자.

이렇게 생각한 대표적인 인물 중 한 명이, 고대 도시 압데라 출신의 철학자 데모크리토스였다.
알려진 대로 데모크리토스는 원자론의 창시자인 레우키포스의 제자였다.

데모크리토스의 아버지는 페르시아의 왕을 대접할 정도로 굉장한 자산가였다.
데모크리토스는 물려받은 재산으로 이집트, 페르시아, 에티오피아, 인도 등
여러 나라를 여행하며 다양한 학문을 익혔고, 가진 돈 전부를 여행하는 데 쏟아부었다.

＊ 한스 요아힘 슈퇴리히 지음, 박민수 옮김, 이룸, 『세계 철학사』, 2008, p201

이후 압데라로 돌아와 가난하게 살았지만, 곧 책을 써서 큰돈을 벌었다.
압데라에서는 부친의 재산을 탕진한 자는 조국에 매장될 자격이 없다는
법률이 있었고, 이것이 두려워 책을 냈다.

이 책 덕분에 데모크리토스의
동상이 세워지고, 죽은 뒤에는
국비로 매장되었다던데.

책 안 냈으면
어쩔 뻔했어.

데모크리토스를 유명하게 만든 가장 중요한 이론은 원자론이다.
원자는 '자를 수 없는'이란 뜻을 가진 그리스어 아토무스(atomos)에서 유래한 말로
더 이상 '나눌 수 없다'는 뜻이다.

만물은 무수히 많고,
눈에 보이지 않을 정도로
미세한 원자들로
이루어져 있다네.

2500년 전에
이런 아이디어를
떠올렸다니!

원자는 수적으로 무한하며, 불멸이다. 또한 원자들은 크기와 모양이
다르지만 동일한 물질로 이루어져 있다. 사물마다 특성이 다른 이유는
사물마다 원자의 배열이나 수가 다르기 때문이다.

파르메니데스는 빈 곳이란 존재하지 않는다고 확신했다. 그렇기 때문에
운동을 부정할 수 있었다. 데모크리토스는 뒤집어서 생각했다.
그는 운동이 가능하다고 확신했고, 그렇기 때문에 빈 곳이 존재한다고 생각했다.

데모크리토스는 세상에 실재하는 것은 원자와 빈 곳이라고 생각했다.
그는 파르메니데스가 불가능하다고 말한 운동과 변화를 원자의 운동으로 설명했다.

원자들은 빈 곳에서
늘 운동을 하고,
부딪쳐 서로
결합하기도 한다네.

데모크리토스에 의하면 만물은 소용돌이를 형성하며
운동 중인 원자의 다양한 결합으로 생성된다.
소멸은 결합했던 원자의 해체일 뿐이다.
원자 자체는 생성되거나 소멸하지 않는다.

이렇게 생각하면
무에서 유가 나오거나,
유에서 무가 되지 않고도
변화나 운동을
설명할 수 있지.

그는 우주의 모든 것은 원자의 소용돌이 운동으로 만들어진다고 생각했다.
그렇다고 만물이 우연히 만들어지는 것은 아니다.
데모크리토스의 스승 레우키포스는 이렇게 말했다고 한다.

"아무것도 헛되이
일어나지 않으며,
모든 것은 어떤 근거가 있어
필연적으로 일어난다."*

* 버트런드 러셀 지음, 서상복 옮김, 『러셀 서양철학사』, 을유문화사, 2019, p116

그렇다면 원자는 어떻게 운동을 하는 걸까?
데모크리토스는 원자의 운동을 원자 자체의 고유한 본성이라고 보았다.
원자는 어떤 목적에 따라 움직이는 것이 아니라
자연법칙을 따라 철저하게 역학적으로 움직인다.

이른바 기계론적
세계관이군.

그는 인간의 지각과 사고도 주체와 원자가
만나면서 발생하는 부차적인 결과라고 생각했다.
다시 말해 사물의 색, 냄새, 맛, 질감, 소리 등은
사물의 객관적 실재가 아니라 인간의 주관적 실재라는 것이다.

그는 세계의 객관적 현실과
인간의 감각적 현실을 구분해서
생각한 최초의 철학자였다.

데모크리토스는 영혼이 있다고 믿었지만, 영혼 역시 원자로 이루어져 있다고 보았다.
사람이 죽으면 영혼을 구성하던 원자도 흩어진다. 이렇게 모든 것을
물질의 작용으로 설명하는 철학의 입장을 유물론이라고 한다.

그는 최초의
유물론자이기도
하다.

영혼 불멸을 믿었던 플라톤은 데모크리토스의 책을
모을 수 있는 한 모아서 불태워 버리려고 했다.
그러나 이미 많은 사람 사이에 나돌고 있기에
포기했다는 일화도 전해진다.

재밌는 것은 플라톤 저서에는
대부분의 선배 철학자가 등장하는데,
데모크리토스에 대해서는
아무 언급도 없다는 점이야.

데모크리토스는 인생의 목적을 쾌활함으로 보았고
행복이란 명랑한 마음의 평정 상태에서 찾을 수 있다고 생각했다.
이렇게 유쾌한 삶을 지향했기 때문에 '웃는 철학자'라는 별명이 붙기도 했다.

그래서 '우는 철학자'인
헤라클레이토스와
같이 언급되기도 하지.

웃으면
기분이
좋거든.

그는 이러한 행복을 얻으려면 정념과 열정으로부터 멀어져야
한다고 생각했으며, 특히 관능적 욕구를 못마땅하게 생각했다.
데모크리토스에게 행복은 유쾌함을 추구하며
평온한 마음가짐으로 지적 활동을 하는 것이었다.

데모크리토스는 백 살 이상까지 장수를 누렸다.
그가 고령으로 죽음이 가까워졌을 때 데모크리토스의 여동생은
그의 죽음으로 데스모포리아*에 참여하지 못할 것을 걱정했다.

＊데메테르 여신을 기리며 풍년을 기원하는 행사.

그 이야기를 들은 데모크리토스는 여동생에게 걱정하지 말라고 말했고
매일 갓 구워낸 빵을 가져오도록 부탁했다.
그는 따끈한 빵의 온기로 축제 기간을 견뎠고
축제가 끝나자 편안하게 세상을 떠났다.

데모크리토스는 세계 자체를 이해하기 위해 노력한 마지막 그리스 철학자로 분류된다.
(탈레스부터 데모크리토스를 묶어서 흔히 고대 그리스의 자연 철학자라고 부른다.)
이후 전개되는 서양철학은 인간을 중심으로 펼쳐지기 때문이다.

데모크리토스를 비롯한 그리스의 자연 철학자들은 세상의 원리를 궁금해하며
우주의 비밀을 밝혀내는 데 순수한 즐거움을 느꼈다.
그들이 발견한 사실이 완벽한 정답은 아니겠지만
무언가를 알게 되면서 느꼈던 기쁨만큼은 완전했을 것이다.

언젠가 데모크리토스에게 누군가 물었다.
"만약 페르시아 왕의 자리를 준다면 어떻게 하겠소?"
데모크리토스는 이렇게 대답했다.

나도 데모크리토스처럼 앎을 인생의 최우선 가치로 느낄 수 있으면 좋겠지만
그러기에 난 너무 속되다. 그래서인지 철학책을 읽다 보면 가끔 이런 생각이 든다.
무언가를 밝혀내기 위해 집요하게 매달리는 철학자들의 이야기를 읽으면서
일종의 대리만족을 느끼고 있는 것은 아닐까?

왕보다 앎을 갈망했던 데모크리토스의 마음을 떠올리며 생각해 본다.
무한한 지식의 우주에서 유한한 인식을 가질 수밖에 없는 것은
불운일까, 아니면 행운일까?

06

너에게 나를 보았다

·프로타고라스·

B.C. 485? ~ 414?

Protagoras

멀리 있는 우주의 비밀보다
가까운 인간의 현실을 주목한 아테네 일타강사

어느 연예인이 자신의 SNS에 올린 게시물을 우연히 보았다.
새로 산 외제 차 사진이었다.

내가 보기에 그 연예인은 명품 소비를 통해
자신의 우월한 경제적 계급을 자랑하고 싶은 게 확실했다.
갑자기 그가 싫어졌고 그의 천박한 속물근성에 부아가 끓었다.

그 연예인에 대해 잘 아는 것도 아니고
그 사람의 마음속에 들어가 본 것도 아닌데
난 어떻게 그리 확신할 수 있었을까?

인간은 어떻게 무엇에 대해 안다고 말할 수 있을까?
고대 그리스 철학자이자 소피스트의 대명사인
프로타고라스는 이렇게 말했다.

지금까지 철학자들은 만물의 아르케에 대해 각자 자신의 주장을 고집했다.
이후에도 호기심 많은 사람들은 끊임없이 우주의 비밀을 찾아 헤맸지만
누구도 완전한 결론에 도달하지는 못했다.

한편, 아테네는 기원전 5세기에 민주주의의 전성기를 맞이했다.
이 시기의 아테네는 토론과 논쟁에 능한 사람이 권력을 차지했고
시민들은 성공하기 위해 똑똑한 사람에게 말솜씨를 배우고 싶어 했다.

이렇게 해서 등장한 계급이 사람들을 가르치며 돈을 벌었던 소피스트였고
프로타고라스는 아테네에서 제일 수업료가 비싸고 가장 유명한 소피스트였다.

요즘 식으로
말하자면
일타강사로군.

소피스트의 원래 의미는
지혜로운 사람이라는 뜻이다.

프로타고라스는 타지에서 아테네로 건너와
아테네의 황금기를 이끌었던 페리클레스(Perikles)의 정책 고문을 맡기도 했고
아테네 식민지였던 다른 도시의 헌법을 만들기도 했다.
그에 대해 전해지는 가장 유명한 일화는 수업료 재판에 관한 이야기이다.

전설 같은 이야기이기
때문에, 여러 가지
버전이 존재한다.

프로타고라스는 어느 제자와 첫 소송에서 승소하면 수업료를 지불하고
첫 소송에서 패배하면 수업료를 지불하지 않는 조건으로 강의를 했다.
제자는 모든 강의를 들었지만, 재판을 하지 않아 수업료를 내지 않았고
그러자 수업료를 받지 못한 프로타고라스는 제자를 상대로 소송을 제기했다.

제자의 변론도 흥미롭지만
프로타고라스의 반론도 진진하다.

프로타고라스는 형이상학적 문제에 관심이 없었다.
그는 우주의 근원이라거나, 신의 존재에 관한 문제는
인간 인식의 바깥에서 존재한다고 생각했다.

"나는 신이 존재한다는 것도 존재하지 않는다는 것도 알 수 없다.
신에 관한 지식을 방해하는 요소가 수없이 많을뿐더러,
신에 관한 주제는 모호하고 인생은 짧기 때문이다."

고대 그리스 전기 작가인 디오게네스 라에르티오스에 의하면
프로타고라스가 저런 말을 책에 썼기 때문에 아테네에서 추방되었고
그의 모든 저서는 불에 타 사라졌다고 한다.

당시 철학자에 대한 기록이
귀해서, 디오게네스
라에르티오스의 책은
지금도 매우 소중한
참고 문헌 중 하나이다.

그리스철학자열전

참고로 국내에서는
〈그리스철학자열전〉
이라는 제목으로
번역되어 출간되었다.

그는 실용적인 현실의 문제에 집중함으로써, 지금까지
우주의 본질을 탐구하던 철학의 주제를 인간에게 돌려 놓았다.
그렇기 때문에 로마 시대의 정치가이자 철학자인 키케로(Cicero)는
프로타고라스를 이렇게 평했다.

소크라테스의 산파술로 알려진, 단계적인 문답을 통해
상대의 무지를 자각하게 만들거나 새로운 생각을 끌어내는
대화법의 원조도 프로타고라스였다.

그렇지만, 프로타고라스에 관하여
이 모든 사실보다 중요한 것은
한 줄로 정리되는 그의 사상이다.

"인간은 만물의 척도다."

이 책은 철학을 좋아하는 사람에게는 가벼운 오락일 것이고
철학에 관심 없는 사람에게는 얄팍한 냄비 받침일 것이다.
또한 한국의 기온은, 러시아 사람에게는 따뜻할 것이고
리비아 사람에게는 차가울 것이다.

즉 누구에게나
옳은 절대적 진리란
존재하지 않는다.

오직 개인에게만
진실인 상대적
진리만 존재하지.

훗날, 프로타고라스 사상은 조건에 따라 가치 판단이나
기준이 달라진다는 상대주의로 발전하게 된다.
또한 옳고 그름에 대한 상대주의는 도덕에 대해
고민하게 만들었고, 윤리학에도 영향을 미쳤다.

프로타고라스의 말년에 대해서는 기록이 분분하다.
어디서는 아테네에서 쫓겨나 다른 도시로 배를 타고 가던 중 배가 침몰하여
죽었다고도 하고, 어느 책에서는 여행 도중 세상을 떠났다고도 하며,
누군가는 70세에 사망했다고 하고, 어떤 이는 90세에 죽었다고 한다.

프로타고라스의 말마따나 각자가 만물의 척도이고 진리가 상대적이라면
외제 차를 산 연예인에 대한 내 판단도 나의 기준에 따른 주관적 사실일 거다.

정신분석 이론 중에 투사라는 방어기제가 있다.
투사를 거칠게 요약하면, 개인의 성향이나 특성을
타인에게 무의식적으로 옮겨서 단정 짓는 것이다.

우리는 무언가를 판단할 때, 자신을 투영하여 주관적인 결론을 내리고
그것이 진실이라 믿기 쉽다. 어느 연예인의 행동을 과시와 자랑으로 생각했던 이유는
나라면 같은 행동을 과시와 자랑을 위해 했을 것이기 때문이다.

우리는 타인의 진정성을 100% 확신할 수 없다.
다만 자신의 세계관에 비추어 짐작할 뿐이다.
그래서 심리학에서는 이렇게 말하기도 한다.
'모든 타인은 나를 비추는 거울이다.'

07

어떻게 살 것인가

소크라테스
B.C. 470? ~ 399

Socrates

뜨거운 철학을 위해 차가운 죽음을 선택한
호모사피엔스의 영원한 스승

소크라테스보다 중요한 철학자는 있지만, 소크라테스보다 유명한 철학자는 없다.
지구에서 가장 널리 알려진 철학자 한 명을 꼽는다면 단연 소크라테스일 것이다.

소크라테스라는
고유명사는 곧 철학의
대명사이기도 하지.

소크라테스가 다른 위대한 철학자들을 제치고
철학을 대표하는 상징으로 자리매김할 수 있었던 이유는 무엇일까?
콕 집어서 무엇이라 단정하긴 어렵지만
그의 삶이나 세계관 속에 그 힌트가 숨어 있는 건 확실해 보인다.

넌 뭐라고
생각하는데?

글쎄,
드라마틱한
죽음?

기원전 5세기, 소크라테스는 고대 그리스에서
가장 잘나가던 아테네에서 태어났다.
그의 어머니는 산파였고, 아버지는 조각가였다.

어렸을 땐 조각을
배웠는데, 아무래도
나랑 안 맞더라고.

소크라테스 B.C. 470? ~ 399

소크라테스의 용모는 단정하지 못했고
자신을 치장하는 일에 관심이 없었다.
그는 특별한 경우를 제외하고는 항상 남루한 복장에
맨발로 다녔으며, 자신의 못생긴 외모를 농담으로 삼았다.

"내 튀어나온 눈은
더 잘 볼 수 있고,
내 뭉툭한 코는
더 잘 맡을 수 있으며,
내 두꺼운 입술은
큰 음식도 물 수 있지!"

소크라테스는 소피스트의 상대주의를 받아들이지 않았다.
그는 보편적이면서 절대적인 진리가 있다고 믿었고
문답을 통한 대화를 통해 진리에 닿을 수 있다고 생각했다.

추한 것들에는 에로스*가 존재하지 않소.
에로스는 모든 아름다움의 원인이오!

그렇다면 몇 가지 묻겠네.
에로스는 어떤 대상에 대한 사랑인가?
아니면 대상 없이도 에로스는 존재하는가?

대상이
있어야지요.

에로스가 어떤 대상에 대한 것이라면,
에로스는 무언가를 욕망하는가,
아니면 그렇지 않은가?

무언가를
욕망합니다.

그럼 에로스가 욕망하는 것은
그것을 소유하고 있는 상태인가,
아니면 그렇지 않은가?

소유하고 있지
않겠지요.

＊ 성적 끌림이 동반된 열정적 사랑.

그렇다면 에로스는 자신에게 결핍되어 있고 소유하고 있지 않은 무언가에 대한 것이겠군.

사실입니다.

자네의 주장이 사실이라면, 에로스는 아름다움이 결핍되어 있고 아름다움을 소유하고 있지 못한 것이 되지 않겠나?

그렇게 되는군요.

어떤가? 자네는 아름다움이 결핍되어 있고 아름다움을 소유하고 있지 않은 것을 아름답다고 부르겠나?

당신에게는 반박할 수가 없군요.

그보다는 진리에 반박할 수 없다고 말하게나. 왜냐하면 소크라테스는 쉽게 반박될 수 있기 때문이라네.

※ 플라톤의 대화편 〈향연〉에 나오는 일화를 편집했음.

이런 식으로 거듭된 질문의 연쇄로 이루어진
소크라테스의 대화법을 산파술이라 한다.
산파술은 소크라테스가 최초로 고안한 대화법은 아니지만
그는 산파술을 가장 효과적으로 사용했다.

소크라테스의 인생에서 벌어진 중요한 사건 중 하나는
델포이 신전*에서 내려온 신탁이었다.
내용인즉 소크라테스가 가장 현명한 사람이라는 것이었다.

*고대 그리스인들에게 성소와 같던 곳으로, 진정한 종교 중심지로 여겨졌다.

소크라테스는 항상 자신이 무지하다고 생각했기에
신탁의 메시지를 그대로 받아들일 수 없었다.
그때부터 그는 세간에 현명하다고 알려진 사람들을
찾아다니며 여러 주제에 관해 묻고 다녔으나
깨달은 것이라고는 명성이 높은 사람일수록
어리석다는 사실뿐이었다.

오직
신만이 현명하고
인간은 무지하다.

그러나 나는 내가
무지하다는 사실을
알고 있지.

소크라테스는 자신이 아무것도 모른다고 인정했지만
오히려 그렇기 때문에 지식을 추구하는 일을 가장 중요하게 생각했다.

덕(arete)*에
의한 삶이
최선의 삶이고,
인간의 덕이란
곧 지식이다.

＊아레테. 최고의 선, 탁월함, 우수성 등을 뜻함.

소크라테스는 일부러 악행을 저지르고 싶어 하는 사람은 없다고 생각했다.
인간이 악한 행동을 하는 이유는 지식과 지혜가 부족하기 때문이라는 것이다.

유일한 선은 지식이요,
유일한 악은 무지다.

그는 신에 대한 믿음이 굳건한 사람이었으며
세속적인 욕망을 절제하며 가난하게 살았다.
지인이 땅이나 하인을 제공해도 받지 않았고
사람들을 가르치면서도 돈을 받지 않았다.

"가장 적게
필요한 사람이,
가장 신에 가까운
사람이라네."

리스펙트

소크라테스가 어떤 사람이었는지 파악할 수 있는
가장 효과적인 수단은 플라톤의 대화편을 읽어보는 것이다.
사실, 소크라테스에 관한 대부분의 정보는
거의 플라톤의 저서에 의존하고 있다.

소크라테스가
직접 쓴 책은
없으니까.

플라톤의 대화편 중 〈소크라테스의 변명〉은 소크라테스의 재판을 다루고 있다.
소크라테스는 '국가가 인정한 신들을 믿지 않고 새로운 신을 믿으며
젊은이들을 망친다'는 죄목으로 공식 기소되었다. 또한 어떤 적대자는
'위로는 하늘에 있는 것과 아래로는 땅 밑에 있는 것을 연구해서
궤변을 정설로 만드는 자'라며 고발하기도 했다.

이것은 표면적인 이유였고,
정치적인 이유도
복잡하게 얽혀 있었다.

소크라테스는 고발 내용을 조목조목 반박했다.
그리고 그는 철학을 가르치고 철학을 권하는 것은
선한 일이기에 철학자의 직분을 버릴 수 없다며 응수했지만
500인의 배심원은 유죄를 선고했다.

당시에는 판결이 내려지면 원고와 피고가
각각 형량을 제시하여 투표를 통해 하나를 선택해야 했다.
여기서도 소크라테스는 납작 엎드려 자비를 구하지 않고
오히려 자신은 프리타네이온에서 대접을 받아야 한다는 연설을 했다.

＊아테네의 정부 청사. 올림픽 우승자를 비롯하여 국빈을 대접하는 영빈관.

104

그의 연설은 계속 이어진다.

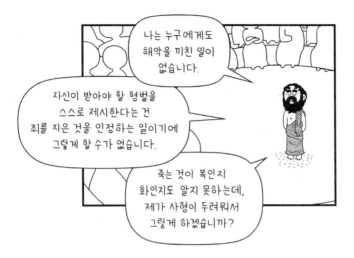

나는 누구에게도 해악을 끼친 일이 없습니다.

자신이 받아야 할 형벌을 스스로 제시한다는 건 죄를 지은 것을 인정하는 일이기에 그렇게 할 수가 없습니다.

죽는 것이 복인지 화인지도 알지 못하는데, 제가 사형이 두려워서 그렇게 하겠습니까?

소크라테스의 어록 중 가장 유명한 말은 소크라테스의 2차 변론 거의 마지막 부분에 등장하는 문장이다.

다른 사람들과 덕에 대해 논하며 나 자신과 다른 사람에 대해 성찰하는 일이야말로 가장 큰 선입니다. 그렇기 때문에 저는 이렇게 말하는 것입니다.

"성찰하지 않는 삶은 가치가 없다."

소크라테스는 자신이 가난하여 벌금 낼 돈이 없다며
터무니없이 적은 액수를 벌금으로 제시했다.
이 말을 듣고 사색이 되었을 소크라테스의 친구들은
보증인을 자처했고, 다시 합당한 금액으로 벌금을 제시했다.
그러나 분노한 배심원들은 결국 사형을 선고하고 말았다.

"그러면 우리 각자의 길을 갑시다. 나는 죽기 위해

여러분은 살기 위해. 어느 쪽이 나을지는 오직 신만이 아십니다."

재판 이후, 소크라테스는 친구들의 도움으로 감옥에서
탈출할 수 있었음에도, 의연하게 죽음을 받아들였다.
그가 죽음 앞에서 당당할 수 있었던 이유는 여러 해석이 있지만
오직 악법도 법이라서 죽음을 받아들였던 것은 아니다.

소크라테스가 법에 따라 죽은 것은 사실이지만, 악법도 법이다는 말은 하지 않았거든.

이 문제를 놓고 토론을 벌이는 내용은 플라톤의 대화편 〈크리톤〉에 나온다.

소크라테스의 마지막 말은 이것이었다.

"크리톤, 아스클레피오스*에게 닭 한 마리를 빚졌네.
자네가 기억했다가 그 빚을 갚아주겠나?"

* 의술의 신. 당시 아테네인들은 병이 나으면 감사의 뜻으로 신에게 제물을 바쳤다.

철학사에서 소크라테스의 죽음만큼 유명한 죽음이 있을까?
그의 죽음은 문학적으로 소비되기도 하고, 종교적으로 추앙받기도 한다.

철학을 위해 목숨 바친 최초의
순교자라고 부르기도 하고,
4대 성인으로 꼽기도 하니까.

소크라테스의 최후처럼, 타인의 비범한 죽음에
관한 이야기는 자신의 평범한 삶을 떠올리게 만든다.
죽음에 대해 이야기하는 것은 결국
삶에 대해 이야기하는 것이기 때문이다.

나의 죽음은 어떤 형태일까? 죽을 때까지 지키고 싶은 가치가 있을까?
내 인생에서 가장 중요한 것은 무엇일까?
그 대답이 무엇이든, 죽음에 대한 사유가 인생을 보다 의미 있고,
삶을 좀 더 견고하게 만들어주는 건 아닐까?

08

이데아를 아십니까

플라톤

B.C. 427? ~ 347?

Platon

'이데아'라는 아이디어로
지성의 역사를 바꾼 서양철학의 거인

서양철학사 전체를 통틀어서 가장 중요한 인물
단 한 명을 선택해야 한다면, 아마도 플라톤이 아닐까?

플라톤을 이야기할 때 가격표처럼 따라다니는 문장이 있다.
"서양철학은 플라톤에 대한 각주에 불과하다."
20세기 영국의 수학자이자 철학자였던 화이트헤드의 말이다.

플라톤의 생애는 자세히 알려져 있지 않은데
전해지는 바에 따르면 다음과 같다.
그는 아테네의 유력 가문에서 태어났다.
한때 정치인을 꿈꾸었으나, 스무 살 무렵에
소크라테스를 만나면서 인생이 바뀌었다.

나는 소크라테스와
같은 시대에 태어난 것을
신에게 감사드린다.

플라톤 B.C. 427? ~ 347?

소크라테스를 진심으로 경애했던 플라톤은
스승의 죽음 이후 아테네를 떠나 여기저기를 돌아다녔다.
이 시기에 그는 이집트를 방문하여 학문을 연구하기도 했고
그리스 식민 도시였던 이탈리아 남부에 머무르며
피타고라스학파와 교류하기도 했다.

플라톤이 아테네를
떠난 이유에 대해서는
기록마다 다르던데.

정치적 위협을
느꼈거나,
아테네 정치에 환멸을
느껴서라고도 하고,
스승의 죽음에 충격을
받았다는 말도 있고.

플라톤은 시라쿠사라는 이탈리아 도시 국가에 초청되어 궁전에
머물기도 했는데, 이 나라의 왕은 지독한 폭군이었다.
플라톤은 시라쿠사에서 자신의 정치적 이상을 실현하려 했지만
왕과의 갈등으로 쫓겨나 노예가 되기도 했다.

그의 친구가 노예가
된 플라톤을 발견하고
값을 치른 후 자유인으로
풀어주었다고 한다.

이런저런 복잡한 일을 겪은 플라톤은 아테네로 돌아와
'아카데메이아(academeia)'라는 학교를 세웠다.
서양에서 최초의 대학이라 할 수 있는 이 학교의
입구에는 다음과 같은 글귀가 새겨져 있었다.

기하학을 모르는 자는
이곳에 들어올 수 없다.

그 후, 약 여든 살이 될 때까지
아카데메이아에서 활동하다
죽은 것으로 알려져 있다.

플라톤 이전 철학자들은 책을 쓰지 않았거나,
책을 썼어도 조각난 형태로 일부만 전해졌다.
그러나 플라톤의 저서는 대부분 온전한 형태로 보존되어 있다.

플라톤의 저작은 대체로 대화의 형식으로 이루어져 있기에
대화편이라고 칭한다. 그는 진짜 지식이란 글이나 문자가 아니라
대화를 통해 전달된다고 생각했다. 대화편 〈파이드로스〉에서는
말의 우위성과 문자 발명의 신화에 대해 이야기하는 꼭지가 등장한다.

* 플라톤 지음, 조대호 옮김, 『파이드로스』, 문예출판사, 2008, p141~142

대화편의 대부분은 소크라테스가 중요 화자로 등장한다.
그렇기 때문에 어디까지가 실제 소크라테스의 말이고
어디까지가 플라톤의 상상인지 구분하기 어렵다.

철학사에서는 이를
'소크라테스의 문제'라고
부른다.

※ 보통은 초기 대화편을 소크라테스의 철학으로
후기 대화편을 플라톤의 철학으로 취급한다.

소크라테스는 진리의 존재를 확신했지만, 진리가 무엇인지 정의하지는 않았다.
그러나 플라톤은 스승이 찾으려 했던 진리를 한 단어로 깔끔하게 정리했다.

세상의 진리가 있다면
그것은 이데아다.

이데아(Idea)란 무엇인가?
플라톤이 말하는 이데아는 형상, 모든 것의 원형,
영원히 변하지 않는 실재를 의미한다.
예를 들면 이런 것이다.

세상에 존재하는 고양이들은 생김새나 색깔, 크기가 모두 제각각이다.
그런데도 이 모든 고양이를 고양이로 부를 수 있는 이유는 무엇일까?

기하학적 도형도 마찬가지다.
현실에 존재하는 원의 모양을 관찰해 보면
엄밀한 의미에서 완벽한 원이라 할 수 없다.
그럼에도 그것을 원으로 인식할 수 있는 이유는
완전한 원에 대한 관념이 존재하기 때문이고
완전한 원에 대한 관념이 원의 이데아라는 것이다.

플라톤은 물질적인 것에만 이데아가 있는 게 아니라
아름다움이나 귀여움처럼 추상적인 개념에도 이데아가 존재한다고 믿었으며
그중에서도 선(善)의 이데아가 최고라고 생각했다.

"선의 이데아는
다른 모든 대상들이
인식될 수 있도록 해주며
그것들에 참다운 본질적인
존재를 부여한다."

플라톤에 따르면, 우리가 사는 불완전하고 끊임없이 변하는
현상의 세계와 완전하고 영원한 이데아의 세계는 따로 존재한다.
우리가 사는 현상 세계는 이데아 세계의 모방이며
이데아 세계는 현상 세계의 원본이자 근원이라는 것이다.

플라톤은 이데아에 관심을 두지 않고, 감각 세계에서 나타나는 현상만을
믿는 사람들을 묘사하기 위해 '동굴의 비유'를 예로 들어 설명했다.

죄수는 동굴 쪽을 바라보고 있고, 그들의 등 뒤에는 횃불이 타오르고 있다.
죄수는 횃불에 비친 그림자만 바라보고 있기에
그림자의 형상을 실재라고 인식하며 살아간다는 것이다.

이때 한 죄수가 풀려나 동굴 밖으로 나가게 된다면
진짜 세계를 경험할 수 있다.
그리고 풀려난 사람은 동굴 안에 있는 죄수들에게
진짜 세계를 알려 주려 할 것이다.

플라톤은 현실에서 무언가를 인식하고 이해할 수 있는 이유는
인간의 영혼이 그전에 보았던 이데아를 떠올리기 때문이라고 주장했다.
즉 지식이란 몰랐던 것을 배우는 게 아니라
영혼이 이미 알고 있었던 것을 돌이켜 생각해내는 거라는 이야기다.

플라톤의 철학이 다소 종교적이면서
신비주의적인 색채를 띠는 것은
피타고라스학파의 영향을
받았기 때문이라고 한다.

그는 인간의 영혼이 태어나기 전부터 존재했으며,
육체가 멸해도 영혼은 불멸한다고 믿었다.
또한 육체는 영혼의 감옥이나 다름없으며, 영혼이 육체에
갇혀있는 동안에는 참된 지식을 얻을 수 없다고 생각했다.

육체는
정욕과 말썽의
근원이거든.

"철학자는 육체를
수치스럽게 여긴다."

플라톤의 이데아 이론은 서양철학사에 어마무시한
영향을 미쳤고, 나에게는 조그마한 영향을 미쳤다.
이 만화에 등장하는 고양이 이름이 이데아이기 때문이다.

플라톤 이후의 서양철학사의 흐름을 거칠게 요약하면 이렇게 말할 수도 있다.
플라톤의 철학을 긍정하거나, 플라톤의 철학을 부정하거나.

이데아는 감각 가능한 현실 세계에 존재하지 않고
사유에 의한 정신 속에서만 인식할 수 있다.
여기 나오는 고양이도 마찬가지다.

나에게 이데아란 무엇일까?
나에게 이데아는 책 속의 고양이다.

09
정의로운 국가

플라톤
B.C. 427? ~ 347?

Platon

스승의 부당한 죽음으로부터
정의로운 국가를 치열하게 고민했던 정치적 엘리트주의자

가끔 내가 사는 이 나라에 화가 날 때가 있다.

현실에 만족하는 사람은 안정을 소망하고,
현실이 불합리하다고 느끼는 사람은 변화를 희망한다.
부조리한 세상과 적나라하게 마주칠 때마다
나는 내가 상상하는 파라다이스를 추상적으로 떠올려 보게 된다.

플라톤은 자신의 나라인 아테네에 분노했다.
아테네의 민주주의가 소크라테스를 처형했기 때문이다.
그는 자신이 생각하는 이상 국가의 모습을 고민하게 되었고
그 결과로 나온 것이 가장 중요한 대화편이라 불리는 〈국가〉이다.

이는 역사 속에
등장한 최초의
이상향이라고 한다.

그가 낙원으로 생각했던 나라는 정의로운 나라였다.
그렇다면 플라톤이 생각했던 정의는 무엇일까?

어떤 개념을
거론하기 전에
그 개념이 정확히
무슨 뜻인지
탐구해야
한다네.

그렇다면
정의란
무엇인가요?

플라톤은 우선, 인간의 영혼에 주목했다.
그는 인간의 영혼이 이성, 의지, 욕망으로 이루어져 있다고 보았다.

플라톤은 어떤 인간의 정체성이란
이 세 가지 요소의 관계에 따라 결정된다고 주장했다.
그는 두 마리의 말이 모는 마차를 비유하며
이성이라는 마부가 의지와 욕망이라는 말을 몰아야 한다고 생각했다.

플라톤은 국가를 거대한 인간이라고 생각했다.
따라서 이상적인 인간의 모습을 국가에 적용하면
이상적인 국가의 형태도 추론할 수 있을 것이라 보았다.

그는 인간의 영혼을 세 요소로 나누었듯이, 국가의 시민을 세 계급으로 구분했다.
국가는 생산자 계급, 전사 계급, 지배자 계급으로 구성되어 있다는 것이다.

생산자는 평민 계급으로 국가에서 생산 활동을 담당한다.
농부나 장인, 상인 등이 있으며, 대다수의 사람이 여기에 속한다.
생산자는 영혼에서 욕망의 비율이 가장 높은 사람이고
이들의 덕(arete)*은 절제가 된다.

* 탁월성, 도덕적 미덕, 최고의 기능이 발휘된 상태.

전사는 국방의 의무를 담당하는 군인이다.
전사는 영혼에서 의지의 비율이 가장 높은 사람이고
이들의 덕은 용기가 된다.

마지막으로 지배자는 나라를 다스리는 사람이다.
지배자는 영혼에서 이성의 비율이 가장 높은 사람이고
이들의 덕은 지혜가 된다.

플라톤은 영혼의 세 요소가 제 역할을 하는 것이 정의라고 생각했다.
마찬가지로 국가도 세 계급이 자기 역할을 하는 것이 정의로운 국가라는 것이다.

즉 모든 사람이
각자 자기 몫을
충실하게 한다면
그것이 이상 국가다.

플라톤은 지배자 계급에 가장 잘 어울리는 사람이 철학자라고 생각했다.
이성의 빛으로 선의 이데아를 탐구하는 철학자가 나라를 다스려야
정의로운 사회가 실현된다는 것이다.

플라톤은 모든 사람이 정치에 참여하는 민주주의를 경멸했다.
그는 험난한 교육 과정을 거쳐 시험에 통과한 소수의 엘리트만이
나라를 다스릴 자격이 있다고 믿었다.

이상 국가의 교육에서 기초가 되는 것은 음악과 체육이다.
여기서 말하는 음악과 체육은 지금 쓰이는 의미보다 넓은 개념으로
음악은 예술 전반을 체육은 신체 활동 전반을 포괄하는 개념이다.

플라톤에 따르면 예술은 부드러운 성품을 갖게 만들지만
철저히 검열하여 좋은 예술과 나쁜 예술을 분리해야 한다.
어떤 예술은 인간을 향락으로 빠뜨리기 때문이다.

스무 살이 될 때까지 교육을 받은 사람은 다음 과정을 위한 시험을 치른다.
합격한 사람은 다시 10년간 교육을 받고 또 시험을 치른다.
통과하면 5년 동안 철학을 배운다. 여기서 끝이 아니다.
마지막으로 15년간 현실을 공부해야 한다.

플라톤의 이상 국가는 생산자 계급을 제외한
상위 계급의 생활을 공산주의 사회와 비슷하게 묘사한다.
이들은 최소한의 생필품만 소지할 수 있으며
공동으로 식사하고 공동으로 생활한다.
아내와 자식도 공동으로 소유해야 한다.

심지어 이상 국가에서는 개인의 성생활도 통제한다.
훌륭한 남성은 훌륭한 여성과 관계를 맺어 우월한 아이를 낳아야 하고
열등한 아이는 내다 버려야 한다는 것이다.

국가의 원칙에 따라 철저히 군대식으로 조직된
플라톤의 국가론은 수많은 비판을 받았다.
특히 20세기 오스트리아 철학자 칼 포퍼(Karl Popper)는
야만적인 전체주의의 시조로 플라톤을 지목하기도 했다.

내가 사는 나라는 정의로운 나라일까?
어떻게 하면 더 훌륭한 나라가 될 수 있을까?
정의가 무엇인지 고민하는 것이 철학의 역할이라면
정의를 현실에서 관철하는 것은 정치의 영역일 것이다.

플라톤은 "훌륭한 사람이 정치에 나서지 않는다면
그에 대한 최대의 벌로 자기보다 못한 사람에게 통치를 당한다."라고 말했다.
이 문장은 현대 민주주의 사회에서 이렇게 변형되어 회자된다.
"사람들이 정치에 무관심하면, 자신들보다 못한 사람의 통치를 받는다."

플라톤의 제자 아리스토텔레스는 이런 말을 남겼다.
"훌륭한 국가는 우연과 행운이 아니라 지혜와 윤리적 결단의 산물이다.
국가가 훌륭해지려면 국정에 참여하는 시민이 훌륭해야 한다."

자신이 속한 나라를 탓하고 비난할 자유는 누구에게나 있다.
하지만 그러려면, 모두가 나쁜 놈으로 보일지라도 그나마 그중에 덜 나쁜 사람을
선택하려는 최소한의 정치의식은 갖춰야 한다는 생각이 든다.

10
우물 파기의 기술

◉ 아리스토텔레스 ◉

B.C. 384 ~ 322

Aristoteles

거의 모든 것에 호기심을 느끼고
거의 모든 분야를 탐구했던 거의 모든 학문의 아버지

나는 한 분야에 깊숙이 통달한 전문가보다 얕팍하더라도
다양한 분야에 집착하는 잡학 박사를 동경한다.
각각의 분야가 세상을 바라보는 하나의 창이라면
그 창은 많을수록 좋다고 생각하기 때문이다.

근데
철학자들이란
철학만 파는
사람들 아닌가?

보통 철학자라고 하면 다른 학문에 무관심하고 오직 철학에만 몰두하는
고고한 구도자의 이미지를 떠올리기 쉽다. 물론 그런 철학자도 있다.
하지만 다른 학문에 호기심을 느끼고 여러 분야를
두루두루 탐색하는 철학자가 훨씬 많다.

철학의 본질은
특정한 무언가에
대한 지식이라기보다
알고 싶은 욕구
그 자체와 비슷하거든.

그래서 철학이란
단어의 뜻이
'지혜에 대한 사랑'인
걸까?

서양철학사에서 철학뿐 아니라 여러 학문을 탐구하면서
다양한 분야의 흔적을 남긴 대표적인 인물을 꼽는다면
모든 학문의 아버지 아리스토텔레스를 빼놓고 이야기할 수 없을 것이다.

알고자
하는 욕구는
모든 인간의
본성이다.

아리스토텔레스 B.C. 384 ~ 322

아리스토텔레스는 고대 그리스의 변방에 위치한 도시 국가에서 태어났다.
그의 아버지는 마케도니아 왕의 주치의였으나, 일찍 부모를 여의고 친척 밑에서 자랐다.

아버지가 물려준
재산이 있었기에
철학에 몰두할 수
있었다고 한다.

아리스토텔레스는 16~18세 사이에 아테네로 유학을 떠났다.
당시 그리스에서 가장 힙한 학교인 아카데메이아에 입학했고
플라톤을 스승으로 섬기며 약 20년간 머물렀다.

그는 플라톤 사후 아테네를 떠났고, 마케도니아 왕의 초청으로
알렉산드로스의 가정교사가 되었다.
아리스토텔레스는 알렉산드로스가 왕으로 즉위한 뒤 아테네로 돌아왔고
리케이온(Lykeion)이라는 학교를 세웠다.

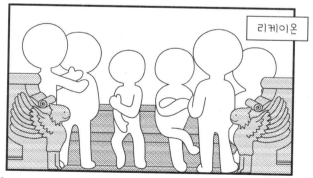

＊ 훗날 그리스의 숙적이었던 페르시아 제국을 무너뜨리고 대제국을 건설한 인물. 영어 이름은 알렉산더.

아리스토텔레스는 막대한 분량의 책을 저술했다고 알려져 있다.
어떤 기록에 따르면 1,000권 넘는 책을 썼다고도 하는데
대부분 소실되었기 때문에 정확한 사실은 알 수 없다.

그는 거의 모든 분야의 지식을 탐구했으며,
체계적으로 학문을 정리하고 분류했다.
특히 <오르가논>은 무려 19세기까지 서양 논리학의
표준으로 자리매김하며 절대적인 영향력을 행사했다.

〈오르가논〉의 핵심은 삼단논법으로 불리는 연역 추론이다.
아리스토텔레스는 삼단논법으로 모든 지식의 진위를 판단할 수 있다고 생각했다.

아리스토텔레스는 자연과학 분야에도 큰 관심을 가졌다.
물론 그의 동식물에 관한 기록은 현대인의 눈으로 뜯어보면 수많은 오류로 점철되어 있다.
하지만 아리스토텔레스의 연구는 생물의 체계를 분류함에 있어 기초가 되었고
나아가 동물에 대한 탐구를 학문으로 만들었다.

아리스토텔레스는 논리학이나 생리학 외에도
물리학, 천문학, 수사학, 윤리학, 정치학, 예술 이론 등에서도
또렷한 발자국을 남겼다. 하지만 가장 중요한 자취는 철학에 남겼고
그 핵심은 아리스토텔레스의 저서 〈형이상학〉에 있다.

형이상학이라는 용어는 아리스토텔레스의 저작을 정리하던 어느 학자가
이 원고를 자연학 뒤에 배치했고, 자연학 다음이라는 뜻으로
메타피지카(metaphysica)란 이름을 붙이면서 비롯되었다.
형이상학은 메타피지카의 동양식 번역어이다.

아리스토텔레스의 철학은 플라톤에서 시작했지만, 스승의 철학을 그대로 받아들이지 않았다. 오히려 여러 가지 면에서 플라톤과 반대 입장을 취했고, 자신만의 독자적인 사상을 확립했다. 아리스토텔레스는 플라톤에 대한 최초의 반작용이라고도 할 수 있다.

아리스토텔레스는 플라톤 철학의 노른자인 이데아부터 인정하지 않았다. 그는 사물의 실체가 이데아라는 가상의 영역에 존재하는 것이 아니라 사물에 내재해 있다고 보았다.

플라톤에게 진리는 이성적인 정신의 작용으로 인식할 수 있는 것이었고
아리스토텔레스에게 진리란 감각을 통한 관찰로 인식할 수 있는 것이었다.
이 두 가지 방법론은 각각 합리주의와 경험주의라는 사상으로 발전하면서
근대 철학자를 두 부류로 갈라놓게 된다.

영국의
경험주의자들

대륙의
합리론자들

이렇게 인간에게
앎은 어떻게 가능한가를
묻는 이론을 인식론이라고 한다.
인식론은 근대 철학의
주요 쟁점이기도 하다.

아리스토텔레스는 사물을 이데아의 모방이 아니라 질료와 형상의 결합으로 보았다.
그는 사물의 본질은 형상에 있고, 질료는 사물을 구체화한다고 생각했다.

예를 들어 참나무의
형태가 형상이고,
참나무의 재료인
도토리는 질료이다.

여기서 등장하는 개념이 '가능태'와 '현실태'이다.
도토리는 참나무가 될 가능성을 갖고 있기에 참나무의 가능태이고
참나무는 도토리의 현실태가 된다. 따라서 도토리의 존재 목적은 참나무이고
도토리는 참나무가 될 힘을 내부에 지니고 있다는 것이 아리스토텔레스의 설명이다.

아리스토텔레스는 가능태와 현실태의 개념으로
세상에 존재하는 변화와 운동의 문제를 설명했다.
그에 따르면 질료인 가능태는 형상인 현실태로 나아가고자 한다.
즉 도토리는 참나무가 되고자 한다는 것이다.

그는 감각 세계의 모든 사물이 4가지 요인으로 구성되어 있다고 주장했다.
이른바 형상인, 질료인, 동력인, 목적인으로 이루어진 4원인설(Four causes)이다.
사물에 대한 참다운 이해는 이데아에 대한 탐구가 아니라
이 4원인을 이해함으로써 알 수 있다는 것이 아리스토텔레스의 생각이었다.

아리스토텔레스는 서양철학사에서 플라톤과 비견할 수 있는 거의 유일한 인물이다.
그의 형이상학은 서양철학의 근본 테마로 자리 잡았고
그가 지식을 탐구하는 방식은 과학적 방법론의 기초가 되었다.

아리스토텔레스는 어떻게 당시의 지배적인 사상이었던
플라톤에서 벗어나 자신만의 독창적인 사상을 구축할 수 있었을까?
모두가 수긍하는 이야기를 뒤집고 과감하게 새로운 이야기를
주장할 수 있었던 이유는 무엇이었을까?

생각해 보면
모든 위대한 사상의
시작은 항상
주류 이론에
대한 부정이었어.

어쩌면 그것은 방대한 분야에 대한 적극적인 호기심이
다양한 관점으로 이어질 수 있었고
다양한 관점이 새로운 생각을 만든 것은 아닐까?

만약
아리스토텔레스가
철학만 공부했다면?

어느 책에서는 아리스토텔레스가 자연을 연구하면서 자신의 철학에
더욱 확신을 가지게 되었다고 하는데, 나는 순서가 반대라고 생각한다.
혹시 그는 자신의 철학을 구상하고 자연 연구를 통해 확증을 얻은 게 아니라
자연 연구를 하다가 자기 철학에 대한 아이디어가 떠올랐던 것은 아닐까?

물론 그냥
내 생각이지만.

세상을 바라볼 수 있는 창이 많다는 것은 그만큼 세계를
다른 관점으로 생각할 기회가 많다는 뜻이기도 하다.
다양한 시각과 새로운 생각의 실마리는 한 우물에
묻혀 있는 게 아니라 여러 우물에 골고루 퍼져 있기 때문이다.

17세기의
네덜란드 철학자
스피노자도 깊게
파기 위해서는
넓게 파야 한다고
말했다지.

11

행복에 관하여

아리스토텔레스

B.C. 384 ~ 322

Aristoteles

경험적인 방법과 현실적인 태도로
인생의 목표를 연구했던 이성적 목적론자

책은 책의 용도가 있고, 서점은 서점의 기능이 있다.
마찬가지로 세상의 모든 존재에는 목적이 있지 않을까?
이렇게 사물이나 현상에 목적이 있다고 생각하는 세계관을 목적론이라고 한다.

목적론적 사고방식은 아리스토텔레스 철학의 가장 중요한 특징 중 하나다.
아리스토텔레스의 사상은 플라톤의 이론을
목적론이라는 필터로 보정한 결과라고 할 수 있다.

플라톤의 윤리학은 선의 이데아를 추구하는 것이었다.
그렇다면 선의 이데아란 무엇을 말하는 것일까?

아리스토텔레스는 존재의 목적을 추구하는 것이 선이라고 생각했다.
예를 들어 작가의 목적이 좋은 작품을 쓰는 것이라면
작가에게는 좋은 작품을 쓰는 것이 곧 선이라는 이야기다.

이런 식으로 목적의 목적으로 이어지는 연쇄의 끝에는 무엇이 있을까?
아리스토텔레스는 모든 인간의 궁극적으로 추구하는 최종 목적이란 결국 행복이라고 보았다.

플라톤은 선의 이데아를 깨닫는 것을 무엇보다 중요하게 생각했다.
하지만 아리스토텔레스는 선을 아는 것만으로는 충분하지 않으며,
중요한 것은 선을 실천하는 것이라고 믿었다.

아리스토텔레스가 말하는 행복은 덕(arete)에 부합하는 영혼의 행동을 뜻한다.
덕이란 존재의 고유한 기능을 '탁월하게' 발휘하는 것이므로
인간은 이성적 사유 기능을 탁월하게 발휘함으로써 행복해질 수 있다는 것이다.

인간의 본질을
이성으로 보는 것은
소크라테스, 플라톤,
아리스토텔레스
전부 똑같구나.

아리스토텔레스는 덕을 이성적 덕과 윤리적 덕으로 나누었다.
윤리적 덕을 갖추려면 극단으로 치우치지 않는 '중용'이 필요하다.
예를 들어, 비겁과 만용의 중용이 용기가 되고
교만과 비굴의 중용이 긍지가 되는 식이다.

행복은
한 번에
도달할 수
있는 것이
아니다.

그러므로
이를 습관화하여
몸에 배게
하는 것이
중요하다.

윤리적 덕도 중요하지만 보다 높은 것은 이성적 덕이다.
그렇기 때문에 아리스토텔레스가 생각하는 최고의 행복은
관조적인 태도로 명상하는 철학적 삶이었다.

"철학자는 신들이
가장 소중하게
여기는 존재이며,
가장 행복한 사람이다."

아리스토텔레스의 윤리학은 자연스럽게 정치학으로 확장된다.
그에 따르면 행복한 삶을 성취하려면 교육과 법률이 필요하고
이는 정치의 문제이기 때문이다.

인간은
사회적(정치적)
동물이다.

완성된 인간은
가장 훌륭한 동물이지만,
법과 정의가 결여되면
가장 사악한 동물이기도
하지.

인간에게는 인간의 목적이 선이었듯이
국가에는 국가의 목적이 선일 것이다.
그렇다면 국가의 목적은 무엇일까?
아리스토텔레스는 국가가 생존을 위해 발생했지만
훌륭하고 좋은 삶을 위해 존속된다고 이야기한다.

아리스토텔레스는 현실 국가를 군주정, 귀족정, 공화정으로 분류했다.
그는 가장 우수한 정치 체제를 단언하지는 않았지만
부자도 가난하지도 않은 중간 계급이 정치에 참여하는 일종의 공화정을 지지했다.

아리스토텔레스는 예술에도 관심이 많았다.
그의 예술 이론은 〈시학〉에서 찾아볼 수 있다.
일찍이 플라톤은 예술을 현실의 모방(Mimesis)으로 보았고,
현실은 이데아의 모방이기 때문에
예술은 모방의 모방에 지나지 않는다고 생각했다.

아리스토텔레스도 예술이 모방이라는 것에 동의했다.
하지만 그는 사물의 이데아가 형상에 있다고 판단했기 때문에
형상을 직접 표현하는 예술은 긍정적인 것이라고 생각했다.

아리스토텔레스의 목적론적 사고방식은 〈시학〉에서도 여전히 작동한다.
예술의 목적, 다시 말해 예술은 어떤 기능이 있을까?

카타르시스(catharsis)는 아리스토텔레스가 만든 용어로
정화 또는 배설을 뜻하며, 부정적인 감정을 배출함으로써
마음의 정화가 이루어지는 것을 의미한다.
아리스토텔레스는 비극을 통해 느껴지는 정서적 경험을 통해
카타르시스를 설명했다.

말년의 아리스토텔레스는 리케이온에서 강의와 연구를 하며 지냈다.
아리스토텔레스와 제자들은 나무 사이를 거닐며
토론을 해서 소요학파(逍遙學派)라는 별명이 붙었다.

아리스토텔레스의
저작 대부분은
이 시기의 강의 노트를
바탕으로 편집된 것이다.

기원전 323년, 알렉산드로스가 사망하자 아테네에서는
반反마케도니아 바람이 불기 시작했다. 알렉산드로스의 스승이었던
아리스토텔레스는 신에 대한 불경죄로 기소되었고,
아리스토텔레스는 아테네를 탈출하여 지내다가 이듬해 숨을 거두었다.

'아테네 사람들이
철학에 두 번이나
죄를 짓지 않게
하기 위해'
탈출했다고
하지.

아리스토텔레스 윤리학의 핵심적인 개념은 행복이었다.
정말 인생의 목적은 행복에 있는 걸까?
행복에 대한 과학적 연구로 유명한 서은국 교수는 자신의 저서
〈행복의 기원〉에서 아리스토텔레스의 목적론에 반대하며 이렇게 말했다.

우리가 민족중흥의 역사적 사명의 띠고 이 땅에 태어난 게 아닌 것처럼
인간은 행복하기 위해 태어난 것도 아니다.
행복은 어느 한 사람의 개인적 목표가 될 수 있을지는 몰라도
인간이라는 종의 보편적 목적은 될 수 있다.

행복이 내 인생의 목적이 아니라면, 내 개인적 삶의 목적은 무엇일까?
만약 내 인생에도 목적이 필요하다면
내가 바라는 목적은 목적 없는 삶을 사는 것이 목적이다.

그렇다면 나에게 행복이란 무엇일까?
나는 행복이 마침내 도달해야 할 목적지라기보다
목적 없이 걷다가 예고 없이 마주치는 아름다운 풍경 같은 것이라고 생각한다.
삶은 한 방향으로 내달리는 마라톤이 아니라
정처 없이 돌아다니는 산책 같은 것이라고 믿기 때문이다.

12

욕심쟁이의 변명

• 디오게네스 •

B.C. 400? ~ 323

Diogenes

모든 것을 버리고
개와 같은 삶을 온몸으로 추구했던 자유로운 영혼

나는 책에 욕심이 많다. 정확히 말하자면 책을 읽는 것보다
물성을 가진 종이책을 소유하는 것에 관심이 많다.

나에게 책은 읽기 위해 사는 것이 아니라 사기 위해 읽는 것이다.
표지가 예뻐서 사고, 남들이 가진 것 같아서 사고,
적립금과 쿠폰이 아까워서 산다.

책이 늘어나는 것은 흐뭇하지만 그만큼 걱정도 증식된다.
물욕은 적당한 수준에서 만족할 줄 모르기 때문이다.

나도 나의 책 욕심이 필요 이상의 겉치레이자 허욕이라는 것을 안다.
알고 있지만 어쩔 수 없다.

서양철학사에서 극도의 미니멀 라이프를 추구한 끝에
궁극의 무소유를 실현한 놀라운 인물이 있다.
고대 그리스 시노페 출신의 철학자 디오게네스가 바로 그런 인간이다.

" 하인은
주인을 섬기고
열악한 인간은
욕망을 섬긴다. "

디오게네스 B.C. 400? ~ 323

아테네 중심의 본토 그리스 세계는 페리클레스의 죽음 이후 지속적인 혼란을 겪었다.
펠로폰네소스 전쟁*으로 너덜너덜해진 그리스를 변방의 마케도니아가 장악하면서
도시 국가 중심의 질서가 흔들리기 시작한 것이다.

* 기원전 5세기, 아테네를 주축으로 결성한 델로스 동맹과
스파르타를 주축으로 결성한 펠로폰네소스 동맹 사이에 일어난 전쟁.

알렉산드로스의 사망 이후 시작된 헬레니즘*시대는
인간의 사고에도 커다란 영향을 미쳤다.
이 시기의 그리스 지식인들은 속세의 혼란스러운 정세에서
눈을 돌려 개인의 내면으로 침잠하려는 경향이 두드러졌다.

＊그리스 문화와 오리엔트 문화가 뒤섞이면서 새롭게 탄생한 문명.

이러한 흐름 속에서 등장한 대표적인 학파가 에피쿠로스학파, 스토아학파,
키니코스학파, 회의주의학파이다. 누군가 그랬듯이 한 시대 사상은 그 시대의 산물이다.

그리고
키니코스학파의
마스코트라고
할 수 있는
철학자가 바로
디오게네스다.

디오게네스의 철학은 짜임새 있는 이론이나 반듯한 글귀로 전해지지 않는다.
그가 저작을 남겼는지 불분명하지만, 디오게네스에 관해 지금까지 전해지는 것은
에피소드뿐이다. 단지 어떤 사람에 관한 일화만으로 철학이 될 수 있을까?

어떤
이야기가
있는지
궁금하군.

디오게네스는 시노페에서 태어났으나, 화폐와 관련된 범죄로
고향에서 추방당해 아테네로 오게 되었다.
아테네에서 소크라테스의 추종자인 안티스테네스(Antisthenes)를 만났고
집요하게 매달린 끝에 안티스테네스의 제자가 되었다.

쾌락에 빠져 사느니
차라리 미친 사람이
되는 게 낫다.

키니코스학파의 창시자.
신분이나 계급을 경멸하고
덕과 금욕을 강조했다.

안티스테네스 B.C. 445? - 365?

키니코스의 어원은 그리스어로 '개'를 뜻하는 단어에서 유래했다.
그래서 키니코스학파를 견유학파로 번역하기도 한다.
키니코스학파는 말 그대로 '개와 같은' 삶을 추구했다.

키니코스학파의 사상은 단순하다. 덕을 추구하되, 그 덕은 사회적 인습과
세속적 욕망에서 벗어남으로써 성취할 수 있다는 것이다.
그들은 인위적인 것에서 벗어나 원시적인 태도로
소박하게 사는 것이 자연스러운 삶이라고 생각했다.

디오게네스는 모든 물질적 욕망을 털어버리고
최소한의 물건만 가지고 커다란 통 속에서 살았다.
그러던 어느 날 어린아이가 손으로 물을 마시는 것을 보고 갖고 있던 컵을 내던졌고
빵의 패인 곳에 수프를 넣어 먹는 것을 보고 밥그릇마저 내팽개쳤다.

디오게네스 이야기에서 빠지지 않고 등장하는 일화는 알렉산드로스와 얽힌 이야기다.
세계 최대 제국을 건설했던 알렉산드로스는
디오게네스의 명성을 듣고 찾아와 자신의 이름을 밝혔다.

알렉산드로스는 디오게네스 앞에 서서 이렇게 물었다.

알렉산드로스가 선한 자라고 대답하자
디오게네스는 누가 선한 자를 두려워하겠느냐고 응수했다.
다시 알렉산드로스는 디오게네스에게 원하는 걸 말해보라고 묻자 이렇게 말했다.

알렉산드로스는 자신이 알렉산드로스가 아니었다면
디오게네스가 되길 바랐을 것이라며, 디오게네스를 높게 평가했다.
하지만 어떤 이는 디오게네스의 괴팍하고 유별난 행실에
난색을 표하기도 했다. 플라톤도 그랬다.

플라톤은 '인간은 두 발 달린 깃털 없는 짐승'이라고 정의해
제자들에게 찬사를 받은 적이 있었다.
그러자 며칠 후 디오게네스가 털 뽑힌 닭을 들고 교실로 찾아와 이렇게 말했다.

디오게네스는 플라톤이 욕망을 버리라고 말하면서
정작 자신은 커다란 집에 살고 있다는 사실이 거슬렸다.
어느 날 플라톤이 디오게네스를 집으로 초대했는데
디오게네스는 플라톤의 집에 깔려 있는 양탄자를 흙투성이 발로 밟으며 돌아다녔다.

어떤 사람이 고국에서 추방당한 건으로 디오게네스를 비난하는 일이 있었다.
그러자 그는 "그런 일이 있었기 때문에 철학을 할 수 있었다"고 말했다.
또 누군가 철학에서 무엇을 얻었느냐고 묻자
"적어도 어떤 운명에 대해서나 마음의 준비"를 할 수 있게 되었다고 대답했다.

디오게네스는 계급이나 인종, 성별의 차별이 당연하던 시대에
모든 인간은 동등하다고 생각하여 스스로 세계시민임을 자처하고 다녔다.
그는 80세 후반에 생애를 마감했는데, 어떤 기록에 따르면 스스로 숨쉬기를 멈추었다고 한다.

디오게네스는 자신의 철학을 설명하지 않고, 오로지 삶 그자체로 보여주었다.
욕심 없이 가진 것에 만족하며 자족하는 삶을
단단히 뿌리박힌 굵은 나무처럼 흔들림 없이 실천한 것이다.

디오게네스의 삶은 욕망과 집착을 감기처럼 달고 다니는
나 같은 사람을 부끄럽게 만든다.
과연 내가 물욕을 버릴 수 있을까?
아니, 무엇보다 나는 디오게네스 같은 삶을 원하는 걸까?

무엇이
이상적인
삶이지?

세상에 있는
다양한 인간만큼,
각자가 생각하는
이상적인 삶의 형태도
다양한 건 아닐까?

나는 디오게네스의 삶을 진심으로 존경한다.
하지만 디오게네스가 되고 싶지는 않다.
디오게네스가 디오게네스의 이상을 추구하며 살았던 것처럼
나는 나대로 내 이상을 추구하며 살고 싶기 때문이다.

아...
이 책도 사고 싶고,
저 책도 사고 싶어.

결국 욕심을
버릴 수 없다는
소리군.

13

쾌락주의자 선언

에피쿠로스
B.C. 341? ~ 270?

Epicouros

친구들과 함께
고통 없는 평화로운 삶을 추구했던 조용한 쾌락주의자

미국의 소설가 필립 로스는 어느 책에서 이렇게 썼다.
"산다는 것은 사람들을 오해하는 것이고,
오해하고 오해하고 또 오해하다가,
신중하게 다시 생각해 본 뒤에 또 오해하는 것이다."

우리가 서로를 오해할 수밖에 없다면,
그 이유 중 한 가지는 분명 언어의 특성 때문일 것이다.
인간의 사고는 언어로 구조화되었고, 우리의 생각은 언어로 전달되기에
정확한 언어의 문제는 정확한 소통의 문제이기도 하다.

언어는 고정된 것이 아니라 시대, 문화, 맥락에 따라 의미나 쓰임새가 달라지기 마련이다. 또한 같은 시대, 같은 문화권, 같은 맥락이라 할지라도 받아들이는 개인의 성별, 나이, 정치적 입장 등에 따라 다르게 받아들여지기도 한다.

특히 이념을 정의하는 단어들이 더욱 그런 것 같단 말이지.

일상 언어도 사람에 따라 서로 다른 느낌으로 받아들인다. 예를 들어 누군가 "나는 쾌락이 최고라고 생각한다"고 말한다면 우리는 그 사람을 방탕한 인간이라 판단하기 쉽다.

보통 쾌락이라는 단어를 부정적으로 사용할 테니까.

그런데 그 사람이 말했던 쾌락의 뜻이 내가 생각하는 쾌락의 의미와 다르다면?

헬레니즘의 시대의 철학자 에피쿠로스는 이렇게 주장했다.

에피쿠로스 B.C. 341? ~ 270?

에피쿠로스는 피타고라스의 고향이자
아테네의 식민지였던 사모스섬에서 태어났다.
플라톤의 제자와 데모크리토스의 제자에게 철학을 배운 뒤
자신의 이름을 붙인 학파를 세웠다.

에피쿠로스는 아테네를 비롯하여 이곳저곳을 전전하다
다시 아테네로 돌아와 '정원(The Garden)'이라는 학교를 세웠다.
그는 정원에서 자신의 추종자들과 함께 공동체 생활을 했고
외국인이나 노예, 부랑아, 창녀까지 구성원으로 받아들였다.

에피쿠로스의 추종자 중 가장 유명한 사람은 카이사르 시대의 시인 루크레티우스이다.
루크레티우스는 에피쿠로스의 철학을 <사물의 본성에 관하여>라는 책에서
서사시의 형태로 기록했고, 이 책이 르네상스 시대에 널리 읽히면서
에피쿠로스 철학이 널리 퍼질 수 있었다.

T. LUCRETII CARI,
DE
RERUM NATURA

혹자는 르네상스의
시작이 이 책에서
비롯되었다고도 한다.

에피쿠로스는 쾌락을 가치의 기준이자 삶의 목적으로 보았다.
그렇다면 에피쿠로스가 생각하는 쾌락이란 무엇일까?

에피쿠로스의 생애를 보면, 그는 결코 탐욕스럽거나 난잡하게 살지 않았다.
오히려 죽을 때까지 절제하며 소탈하게 지냈고, 품위 있는 대화를 즐길 줄 알았다.

에피쿠로스가 강조했던 쾌락은 단순 감각 쾌락이나 육체적 만족이 아니었다.
그가 생각했던 쾌락은 육체적 고통이나 정신적 두려움이 제거된 상태를 의미한다.

그렇다고 해서 일반적인 쾌락을 무시했던 것은 아니었다.
다만 무절제한 쾌락은 몇 배나 많은 괴로움을 가져오기에
이성을 통해 신중하게 숙고된 쾌락만 즐겨야 한다고 보았다.

에피쿠로스는 적의로 가득 찬 세상에서 개인적인 성취를 거듭하긴 어렵다고 생각했다.
그렇기 때문에 행복이란 성취를 늘리는 게 아니라 욕망을 줄임으로써 가능하다고 보았다.

그는 이렇게 해서 도달한 평온하고 고요한 마음의 상태를 아타락시아(ataraxia)라고 불렀다.
즉 아타락시아야말로 진정한 행복이자 최대 쾌락이라는 것이다.

에피쿠로스는 국가 문제나 정치를 경시했다.
정치에 개입하면 근심만 늘고 쾌락은 거의 얻을 수 없기 때문이었다.
그에게 이상적인 삶은 신뢰하는 동료들과 은둔하며
개인적인 삶 속에서 즐거움을 찾는 것이었다.

에피쿠로스는 자연 과학에도 관심을 가졌지만, 그 목적은 자연의 창조나 현상이
신들과는 관계없다는 것을 보여줌으로써 인간을 두려움에서 해방시키기 위해서였다.
그는 데모크리토스의 원자론을 수정하여 현실 세계는 어떤 목적을 가진
창조의 결과가 아니라 원자들 간의 우연한 충돌로 발생한 결과라고 주장했다.

에피쿠로스는 신들의 존재를 인정하긴 했지만
그들은 인간사에 무심할 것이라고 믿었다.
왜냐하면 신들도 아타락시아를 추구할 것이고
인간 세상을 돌보는 일은 걱정이나 근심, 괴로움을 늘리는 행위이기 때문이다.

그는 영혼이 불멸한다는 종교적 믿음도 합리적인 근거가 없다고 생각했다.
에피쿠로스는 영혼 역시 만물과 마찬가지로 원자로 구성되어 있고,
인간이 죽으면 영혼도 사라진다고 보았다.
인간은 죽음 이후 자기 죽음을 감각할 수 없으므로
죽음은 아무것도 아니며 두려워할 필요가 없다는 것이다.

에피쿠로스는 70세가 넘는 나이까지 평온하게 살았지만
평생 건강이 좋지 않아 고생했다.
그럼에도 그는 고통 속에서 행복을 좇았다.
죽기 직전, 에피쿠로스는 이런 편지를 남겼다.

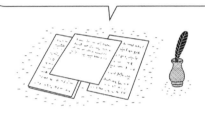

"내 일생에서 참으로 행복한 오늘, 죽음을 눈앞에 둔 순간, 자네에게
이 편지를 쓰고 있다네. 내 방광 질환과 위장 질환이 진행되어
평소에 느끼던 격렬한 고통이 이어지고 있다네. 그러나
이 모든 증세와 반대로 자네와 내가 나눈 대화를 떠올리면
마음이 기쁨으로 가득 차는 게 아닌가."

* 버트런드 러셀 지음, 서상복 옮김, 『러셀 서양철학사』, 을유문화사, 2019, p328

이념의 적대자였던 스토아학파는 에피쿠로스를 쾌락의 전도사라고 비방하며 이렇게 말했다.
"에피쿠로스는 사치스러운 생활 때문에 너무 많이 먹어 하루에 두 번씩 토한다."
또한 정원에서 난교 파티를 즐긴다는 소문을 퍼뜨리고
외설적인 50통의 편지를 에피쿠로스의 것으로 날조하기도 했다.

지금은 누구나 에피쿠로스를 탐욕스러운 쾌락주의자라고 생각하지 않을 것이다. 에피쿠로스를 언급하는 모든 철학책에서 그에 대한 오해를 해명하기 때문이다.

그렇다면 이제 나는 에피쿠로스를 완전하게 이해하게 된 걸까? 어쩌면 내가 읽었던 철학책의 저자들이 그를 또 다르게 오해한 것은 아닐까? 아니면 나의 오독으로 인해 잘못 해석한 부분이 있는 것은 아닐까?

궁극적으로 타인에 대한 완벽한 이해는 누구도 불가능하다.
다만 덜 오해하고, 덜 혼동할 수 있을 뿐이다.

그럼에도 불구하고 서로를 이해하기 위해 노력하는 것
오해라는 필연을 받아들이고 이해라는 우연을 기다리는 것
오해라는 통증을 견뎌내면서 이해라는 기쁨을 추구하는 것
어쩌면 그것이 이 시대의 윤리이자 쾌락일지도 모르겠다.

14

인생이란 무엇일까

마르쿠스 아우렐리우스

121~180

Marcus Aurelius

인생의 부침을 숙명으로 받아들이며
꿋꿋하게 삶을 인내한 고결한 황제 철학자

누구나 살면서 한 번쯤, 아니 수백 번 이상 떠올리는 질문이 있다.
'인생이란 무엇일까?'

아직 인생이 무엇인지 잘 모르겠지만,
내가 인생에 대해 생각해 본다는 것은 우울하다는 뜻이다.
인생에 대한 진지한 고민은 기쁘거나 즐거울 때가 아니라
답답하거나 어두울 때 찾아오기 때문이다.

그럴 때 인생이 뭔지 알게 된다면 내 삶은 조금 더 나아질 수 있을까?
확고한 인생관이 있으면 마음을 다스리는 데 도움이 될까?

고대 로마 제국의 자애로운 황제이자 스토아 철학자였던
마르쿠스 아우렐리우스는 인생에 대해 이렇게 말했다.

마르쿠스 아우렐리우스 121~180

스토아 철학은 소크라테스와 키니코스 히피들의 영향을 받아 창시된 이론으로
헬레니즘 시대의 가장 중요한 철학이자 전기 로마 제국을 대표하는 철학이다.
오늘날 '스토아적(stoical)'이라는 표현은 '고난을 묵묵히 견뎌 냄'
'역경에도 흔들리지 않음'을 의미한다.

마르쿠스 아우렐리우스는 서기 121년 로마에서 태어났다.
그가 태어난 집안은 엄청나게 부유하고 막강한 명문가였다.
어려서부터 최고의 교사들로부터 다양한 교육을 받았고
당시 로마 제국의 황제였던 하드리아누스의 총애를 듬뿍 받으며 자랐다.

* Verissmus. 최고로 진실하고 성실한 인간이라는 뜻.

하드리아누스 황제는 마르쿠스 아우렐리우스를 양자로 삼으라는 조건으로
마르쿠스 아우렐리우스의 고모부를 자신의 후계자로 지명했다.
일찍부터 황제로 내정된 마르쿠스 아우렐리우스는 19세에
로마 최고 관직인 집정관에 임명되었고, 그의 고모부이자 로마 제국
15대 황제였던 안토니우스 피우스의 사망 후, 40살에 16대 황제로 즉위했다.

로마 제국 12대 황제
네르바부터 16대 황제
마르쿠스 아우렐리우스까지
다섯 명의 황제를
로마 5현제라고 부른다.

이렇게만 보면 마르쿠스 아우렐리우스는 탄탄대로의 행복한 인생길만 달린 것처럼
보이지만, 황제가 되고 나서부터 죽을 때까지 그의 인생은 결코 안녕하지 못했다.
동방의 숙적 파르티아와의 전쟁, 게르만족의 침공, 빈부 격차로 인한 사회 문제 등
나라 안팎의 문제들로 끊임없이 시달려야 했기 때문이었다.

게다가 거듭되는
홍수와 전염병,
반란 등으로
쉴 틈 없이
지냈다고 하지.

그 유명한 마르쿠스 아우렐리우스의 〈명상록〉은 게르만 부족의
침략에 맞서던 가운데 전쟁터에서 쓰인 책으로 알려져 있다.
이 책은 다른 사람에게 보여줄 목적으로 쓰인 것이 아니라
전쟁 중에 떠올랐던 상념들을 기록한 일기에 가까운 작품이다.

후대 사람이 제목을
붙이고 권과 절로
나누었다고 한다.
이 책의 원제는
'자기 자신에게'이다.

〈명상록〉은 스토아 철학을 바탕으로 쓰였다.
하지만 후기 스토아 철학자들의 저작이 그러하듯, 이 책 역시 인생에 대한
지혜와 교훈을 이야기하고 있어 철학서라기보다 실용서로 읽히기도 한다.

초기에는
스토아 철학도
학문적이었는데,
뒤로 갈수록 개인적인
삶의 기술을 강조하는
경향이 강해졌어.

후기 스토아 철학의 특징은 그들의 이론에 짙게 밴 '체념'의 정서다.
스토아학파의 우주는 신의 합리적 법칙에 따라
창조와 멸망이 주기적으로 반복되는 운명적 세계다.
그렇기 때문에 우주의 일부인 인간의 운명도 결정되어 있다고 말한다.

세상 모든 일은 신의 섭리로 가득 차 있다. (…)
너 자신이 그 일부에 속하는 우주 전체의
조화에 유용한 모든 것은 섭리와 연결된다.
너는 이런 사실에 만족하고, 이를 항상 원칙으로 받아들이라.*

*명상록 2권 3절.

여기서 말하는 신이란 세계와 분리되어 독립적으로 존재하는 창조자가 아니다.
스토아학파는 자연 그 자체(또는 자연의 법칙이나 원리)를 신으로 보았고
세상 모든 개체는 신의 일부로서 신성을 갖춘 동등한 존재라고 생각했다.

나는 자연에 의해
지배되는 전체의 일부이다.
동시에 나는 나와 동종인
모든 부분들과 필연적으로
밀접한 관계를 맺고 있다.*

*명상록 10권 6절.

스토아 철학자들은 자연의 운행은 우연으로 이루어지는 것이 아니라
현명하고 이성적인 신적 질서에 따라 결정되어 있기에
'자연의 섭리에 순응하는 삶'을 덕이자 행복으로 보았다.
모든 생명은 자연과 조화를 이룰 때 선하며
결정된 것을 거스르는 것은 고통만 가져올 뿐이라는 것이다.

신들이 나와 내 운명에
어떤 결정을 내렸다면,
그것은 나를 위한
최선의 결정일 것이다.
지혜 없는 신을 생각하기란
쉽지 않기 때문이다.*

* 명상록 6권 4.4절.

마르쿠스 아우렐리우스는 인생을 연극에 비유하기도 했다.
그는 우리 모두가 신이 짜놓은 각본에 따라 각각의 역할을 부여받았으며
역할의 크기나 종류와 관계없이 주어진 배역을
겸허히 받아들여야 한다고 생각했다.

그렇게 살면
불행하진
않을까요?

만약 자신이
불행하다고
느낀다면 그것은
사고의 오류라네.

스토아학파에 따르면, 모든 것이 결정된 상황에서 불행은 존재할 수 없다.
불행은 오직 불행하다고 느끼는 자신의 마음속에 있으며
불행하다는 생각 자체가 그 원인이라는 이야기다.

* 명상록 4권 39절.

스토아 철학자들은, 이처럼 인간이 행과 불행을 구분하며
그릇된 판단에 빠지게 되는 원인을 정념이라고 생각했다.
즉 열정이나 충동 같은 세속적 욕망에서 해방되면
인간은 완전한 자유를 얻을 수 있다는 것이다.

*명상록 7권 29절.

스토아 철학자들은 정념을 극복하고 열정에서 해방된
마음의 평정 상태를 '아파테이아(apatheia)'라고 불렀다.
이렇게 사사로운 감정과 들끓는 정념에서 벗어난 차분한 상태로
신적 이성에 따라 살아가는 사람이야말로 현자이며
현자만이 자유롭고 도덕적이며 행복할 수 있다.

아파테이아?
아타락시아랑
비슷한데?

아타락시아의 원조가
데모크리토스였듯,
철학에서 한 사상은
이런 식으로 변주되어
반복되곤 하지.

마르쿠스 아우렐리우스는 평화로운 시골에 머무르며
철학을 공부하는 고고한 학자에 어울리는 인물이었다.
그는 전쟁이나 정치에 괴로움을 느꼈지만, 그럼에도 불구하고
공적 의무를 중요하게 생각했기에 황제의 임무를 성실히 수행했다.

마음이 평안하길 원한다면
일을 적게 하라고
데모크리토스가 말한다.
하지만 이렇게 말하는 게
더 낫지 않을까?
반드시 필요한 일,
즉 공동체적 본성을 가진
존재의 이성이 명하는 일을
이성이 요구하는
방식대로 행하라.*

* 명상록 4권 24절.

다른 스토아 철학자들도 그랬듯이 마르쿠스 아우렐리우스는 죽음에 대해서도 초연했다.
죽음은 태어남과 마찬가지로 이성적인 자연의 작용이기 때문이다.

> 어떤 것이 죽는다 해서 우주 밖으로 떨어져 나가는 것은 아니다.
> 그것이 우주 안에 머문다면, 그것은 그 안에서 변화하여
> 우주와 너에게 공통적인 원소들로 분해된다.
> 이 원소들도 변화하는데, 그런다고 불평하지는 않는다.*

* 명상록 8권 18절.

마르쿠스 아우렐리우스는 재위 기간에 건강하지 못한 몸 상태로
온갖 전쟁터를 전전하는 등 격무에 시달렸으며
서기 180년 59세가 되었을 때 전염병에 걸려 쓰러졌다.
이때 그는 죽음을 직감하고 일부러 음식과 물을 먹지 않았고
금식 7일째에 눈을 감고 자연으로 돌아갔다.

아들 코모두스(Commodus)가
마르쿠스 아우렐리우스의
뒤를 이어 황제가 되었으나,
역설적이게도 코모두스는
최악의 폭군이자
로마의 재앙으로
역사에 남게 되었다.

마르쿠스 아우렐리우스는 로마 제국이 기울기 시작한 어지러운 시기에
인내의 윤리를 강조한 스토아 철학으로 마음의 동요를 치유하고자 했다.
스토아 철학의 인생관을 믿고, 부지런히 흔들리는 마음을 엄격하게
다잡으며 한 걸음 한 걸음 묵묵히 정진했던 것이다.

> 기회만 있으면 철학으로 돌아가 안식을 얻도록 하라.
> 철학으로 인해 궁전 생활도 견딜 만해지는 것이며,
> 궁전 생활을 하는 너 자신도 견딜 만해지는 것이다.*

* 명상록 6권 12절.

〈명상록〉은 삶의 부침 속에서도 자연의 섭리에 순응하여
마음의 평화를 찾으라고 거듭 강조한다.
이 메시지가 다른 사람에게 하는 말이 아니라
자신에게 하는 말이라는 점은 의미심장하다.

마르쿠스 아우렐리우스를 읽으며 인생이란 무엇인지 다시 한번 생각해본다.
인생이란 무엇일까?

나는 인생이 무엇인지 잘 모른다. 앞으로도 계속 모를 것 같다.
어차피 알 수 없다면 떠올릴 필요도 없을 테지만
어느 날 문득 또 궁금해질 것이다.
인생은 그런 게 아닐까 싶다.

※ 이번 챕터에 인용한 명상록의 모든 구절은
열린책들에서 나온 〈자성록〉에서 발췌했음.

15

중세로 가는 길

플로티노스
205 ~ 270

Plotinos

플라톤의 철학에 신비주의적 색채를 가미한
플라톤의 해석자 또는 신플라톤주의 창시자

에피쿠로스주의나 스토아학파는 사회나 국가를 개혁하려는 노력을
헛된 것으로 여기고 개인의 내면에서 구원을 찾고자 했다.
헬레니즘 철학이란 어지럽고 황폐한 세상을 견디기 위한
개인적 방법론이라고도 할 수 있다.

마르쿠스 아우렐리우스가
황제의 일에 성실했던 것도
세상을 변혁시키기
위해서라기보다
개인의 윤리에 충실하기
위해서였다고 하지.

철학사에서 마지막 헬레니즘 철학은 신플라톤주의이다.
신플라톤주의는 로마가 어수선한 고난의 시기를 겪고 있을 때
활동했던 철학자 플로티노스에 의해 유명해졌다.

플로티노스 205 ~ 270

세계사에서 로마 시대는
헬레니즘 시기에
포함되지 않지만,
철학사에서 로마 철학은
헬레니즘 철학에
포함시키기도 한다.

"존재의 회복은
진정한 자신을
되찾아 나갈 때
가능하다."*

* 박홍순 지음, 『한 문장으로 시작하는 철학 수업』, 웨일북, 2019, p.94

플로티노스의 사상은 헬레니즘 철학의 특징을 극단까지 밀어붙인 것처럼 보인다.
그는 플라톤의 이론을 헬레니즘 스타일로 재해석했고
결과적으로 자신만의 새로운 체계를 구축할 수 있었다.

플로티노스는 출신, 고향, 생일을 하찮게 여겼고, 이에 대해 말하는 것을 꺼렸다.
또한 자신의 조각상을 만들거나 초상화를 그리는 것도 허락하지 않았다.

플라톤은 육체와 감각을 경시했지만, 플로티노스는 심하게 멸시했다.
플로티노스는 병에 걸려도 약을 거부했으며, 심지어 음식도 절제했다.
그의 제자 포르피리오스는 플로티노스를
'육체를 가지고 있다는 것을 부끄럽게 생각하는 듯'하다고 묘사했다.

플로티노스가 후세에 전해질 수 있었던 것은 그의 제자인 포르피리오스 덕분이었다.
포르피리오스는 플로티노스의 생애를 기록했으며,
스승이 남긴 54편의 글을 9개로 분류하고 6권으로 정리했다.

포르피리오스의 기록에 따르면 그는 신플라톤주의의 시조로 알려진
암모니우스 사카스 밑에서 11년 동안 공부했다.
이후 동방의 철학을 연구할 목적으로 로마 황제
고르디아누스 3세의 페르시아 원정에 참가하였으나
원정 도중 황제가 암살되는 바람에 로마로 돌아왔다.

암모니우스 사카스

암모니우스 사카스에
대한 정보는 거의 없다.
그래서인지 플로티노스를
신플라톤주의의 창시자라
부르기도 한다.

플로티노스는 로마에서 철학 강의를 시작했다.
그의 강의는 로마 황제인 갈리에누스도 들으러 올 정도로 명성이 높았다.

플로티노스는
황제의 도움으로
플라티노폴리스라는
플라톤식 이상 국가를
건설하려 했으나
신하들의 반대로
무산되었다.

플로티노스는 자신을 새로운 학파의 창시자라고 생각하지 않고
단지 플라톤의 해석자라고 생각했다.
그는 플라톤의 사상을 왜곡하지 않고 올바르게 해석함으로써
다시 한번 플라톤 철학을 부활시킬 수 있다고 믿었다.

그렇다고
내가 플라톤만
받아들인 건
아니야.

플라톤을
가장 중요하게
생각한 건
사실이지만.

하지만 그렇게 해서 플로티노스가 정립한 사상은
플로티노스만의 개성이 가미된 독특하고 고유한 체계였다.
플로티노스를 단순한 플라톤 학파로 취급하지 않고
신플라톤 학파라는 새로운 명칭으로 일컫는 이유도 그 때문이다.

신플라톤주의라는
명칭은 플로티노스 자신이
붙인 게 아니라 19세기
이후 철학사가들이
붙인 것이다.

플로티노스에게 중요했던 것은 감각적 현실의 물리적 구조가 아니었다.
그렇기 때문에 원자론이나 유물론에 거리를 두고
현실 세계를 초월하여 존재하는 형이상학적 원리에 관심을 가졌다.

"왜냐하면 물질적 현실은
스스로의 존재와 스스로에
대한 이해의 자체적인 원리를
가지고 있지 않기 때문이다."*

* 움베르토 에코, 리카르도 페드리가 지음, 윤병언 옮김,
『경이로운 철학의 역사 1』, 아르테, 2019, p.424

플로티노스는 플라톤의 이데아 이론을 바탕으로
형이상학의 세 가지 요소를 제시했다.
일자, 누스, 영혼이 바로 그것이다.
이데아와 현상 세계 사이에 위계가 존재하듯이
이 세 요소 사이에서도 엄격한 서열이 존재한다.

1등?
2등?

1등은 일자고,
2등은 누스,
3등은 영혼이다.

플로티노스 철학의 노른자이자 하이라이트는 일자(하나)라는 개념이다.
일자는 모든 것의 원인이자 만물의 기원으로 가장 높은 곳에 있다.
일자는 어떤 존재라기보다 존재를 포함하여 모든 것을 초월하는 무엇이다.

종교학에서 '부정신학'이라는 용어가 있다.
부정신학을 간략하게 설명하면
'신은 어떠하다'라고 정의하는 게 아니라
'신은 어떠한 것이 아니다'라고 말하는 것이다.
플로티노스는 부정신학의 방법론을 최초로 이론화한 철학자로 여겨지기도 한다.

일자가 어떤 목적이나 의지를 갖고 이 세상을 만든 것이 아니라면
어떻게 일자에서 모든 것이 탄생할 수 있었을까?
이 물음에 대한 플로티노스의 대답은 대단히 신박하다.
그는 일자가 만물을 창조한 것이 아니라 일자로부터
'유출'되어 흘러나온 것이라고 설명한다.

플로티노스는 유출을 통한 생성의 원리를 형태로 설명하지 않고 빛으로 표상했다.
예를 들어 태양은 빛을 자신 속에서만 간직하고 있지 않다.
오히려 태양은 모든 방향으로 빛을 발산할 것이고
태양에서 빛이 유출되는 것처럼 만물도 일자로부터 유출되었다는 것이다.

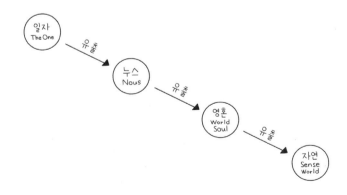

일자가 완전하고 거대한 빛의 근원이라면
일자로부터 멀리 있을수록 광도가 다르고 불완전할 것이다.
일자가 넘쳐흘러 산출된 것이 누스(nous)이다.
누스는 정신 또는 지성으로 번역되는데
누스에는 정신과 지성의 개념이 함께 포함되어 있다.

누스로부터 유출되어 생겨난 것이 영혼이다.
이 영혼은 각각의 개별 영혼이 아니라, 거대한 세계영혼을 뜻한다.
세계영혼은 개별 영혼에 나타나고, 개별 영혼은 세계영혼을 품고 있다.

영혼의 내면적 측면은 누스를 향하여 상승을 지향하고
영혼의 외면적 측면은 감각 세계로 하강을 지향한다.
이렇게 외부로 향한 영혼의 유출에서 창조된 것이 물질세계인 자연이다.

플로티노스는 인간이 자신의 근원인 일자를 그리워한다고 생각했다.
그래서 그는 영혼의 활동을 통해, 정신적 본질로 상승하여 일자와의 합일을 추구했다.
포르피리오스는 플로티노스가 일자와 합일을 통해
황홀경에 빠지는 일이 네 번이나 있었다고 말한다.

"완전히 우리 안에 깊이 잠겨 있으면서도, 생각 위로 떠올라서 의식이 없는 엑스터시의 상태.
단순함의 상태에서 거룩한 빛으로 갑자기 가득 채워지고, 근원적인 신적 본질과 직접 하나가 되어서
그와 우리 사이에 있는 차이가 모두 사라지면 우리는 최고의 상태에 도달하는 것이다."*

* 빌헬름 바이셰델, 안인희 옮김, 『철학의 에스프레소』, 밀리언스마일북스, 2009, p.129

일자와 합일을 위해서는 삶의 향락이나 육체적 요소인
욕망과 충동에서 벗어나 덕을 수련해야 한다.
또한 유한한 물질세계의 형상에 집착을 버리고
일자에 대한 관조에 전념해야 한다.

"만일 사람이
자기 자신을
넘어서 올라가고,
한 심상이 그것의
원형에까지 올라간다면,
그는 그의 여행의 목적지에
도달한 것이다."*

*스털링 램프레히트 지음, 김태길, 윤명로, 최명관 옮김,
『서양철학사』, 을유문화사, 1992, p156

플로티노스의 철학은 신비롭고 불가사의하다.
그렇지만 그것을 주장한 방법론만큼은 합리적으로 느껴진다.
그가 비록 일자의 존재 자체를 논증한 것은 아니지만
만물이 일자에 의해 존재할 수밖에 없는 필연성을
논리적인 방식으로 설명했기 때문이다.

러셀은 플로티노스의
철학이 신비주의적 경향을
띠게 만든 원인으로
포르피리오스를
지목하기도 했지.

포르피리오스는
플로티노스를
신격화시켜 초능력자로
묘사했을 정도니까.

플로티노스 자신은 기독교에 비판적이었으나
결과적으로 신플라톤주의는 기독교 사상에 중요한 밑거름이 되었다.
다음 챕터에 등장할 철학자 아우구스티누스는 플로티노스에 대해
'조금 더 후대에 살았다면, 그리고 몇 개 낱말과 구절만 고친다면
그는 그리스도교인이 될 수 있었을 것'이라고 말할 정도였다.

기독교의 입장에서
플로티노스의 일자를
신으로 보면
심플하잖아?

플로티노스를 끝으로 고대 철학은 저물었다.
바야흐로 중세 철학이 도래한 것이다.

플로티노스는
고대의 에필로그이자
중세의 프롤로그라
할 수 있겠군.

플로티노스 이후
고대 철학자가 없는 것은
아니지만, 일반적으로
그를 마지막 고대
철학자로 취급한다.

16

믿음의 철학

아우구스티누스
354 ~ 430

Augustinus

쾌락에 빠진 방탕한 삶을 전전하다
고결한 성직자로 거듭난 기독교의 성인

나는 종교가 없다.
그저 상식적인 수준에서 종교에 관련된 이야기에
호기심을 느낄 뿐이다.

이를테면
카인과 아벨에
관한 이야기나,
시아파와 수니파의 차이,
반야심경의 내용 같은 게
궁금하단 말이지.

왠지 나만
모르는 것
같거든.

가능하면 어디에도 기대지 않고 조용하게 혼자 살고 싶지만,
가끔은 신뢰할 수 있는 무언가에 의지하여 마음의 평안을 도모하고 싶을 때도 있다.
과연 종교를 믿으면 소란스러운 내 마음도 고요해질 수 있을까?

믿는 구석 하나 없는
삶이 공허하기도 하고.

중세 서양철학을 특징 짓는 가장 상투적인 말은 '신학의 시녀'라는 표현이다.
기독교가 유럽을 지배하게 되면서 철학은 독자적인
학문의 지위를 잃고 신앙의 옵션으로 취급되었다.

중세 철학을 이야기할 때 반드시 짚고 넘어가야 할 두 명의 인물이 있다.
그중 한 사람이 4~5세기의 신학자이자 대표적인 교부 철학자인 아우구스티누스이다.

※ 교부 철학은
이단의 공격에 맞서
교회의 이론을 세운
사람들의 철학이다.

* 데니세 데스페이루 지음, 박선영 옮김,
『좋아하는 철학자 있으세요?』, 큐리어스, 2015, p.19

아우구스티누스는 아프리카에 있는 로마 식민지 타가스테에서 태어났다.
아우구스티누스의 어머니는 독실한 기독교 신자였지만
그가 처음부터 기독교에 매료되었던 것은 아니었다.

어머니의 권유로
구약을 공부했지만
곧 실망했지.
전에 읽었던
키케로(Cicero)*보다
별로였거든.

* 기원전 1세기에 활동했던 로마 시대의 정치가이자 철학자.

그가 처음으로 경도되었던 종교는 세상을 선과 악의 대립으로 파악하는 마니교였다.
아우구스티누스는 9년 동안 마니교에 빠져 지냈는데
마니교의 교리가 천문학적 지식과 모순된다는 사실을
깨달으면서 점점 마니교와 멀어지게 되었다.

마니교 경전에서
묘사하는 우주는
천문학자들이 설명하는
우주와 다르잖아?

아우구스티누스가 기독교에 입문하게 된 실질적 계기는
밀라노 주교인 암브로시우스와의 만남이었다.
아우구스티누스는 수사학 교사의 자격으로 로마로 건너가게 되었고
다시 밀라노로 이주한 뒤 암브로시우스와 만나게 되었다.

그냥
믿으라는 게 아닐세.
기독교의 교리는
철학적으로 이렇게
이런 식으로 논리적으로
설명할 수 있다네.

암브로시우스는
신플라톤주의의
영향을 받은
초기 교부 중
한 사람이다.

↑암브로시우스

아우구스티누스의 〈고백록〉은 서양 최초의 자서전으로 알려져 있다.
그는 〈고백록〉에서 자신의 과거를 오만한 방탕아로 규정했다.
아우구스티누스는 과일나무에서 과일을 훔치는 사소한 비행을 저지르기도 했고
육욕에 굴복해 복잡한 여성 편력을 남기기도 했다.

"저에게 정조와
절제를 허락해
주소서…"

"…그러나
아직은
아니옵니다."

다만 그가 특별히
더 방탕했던 것은 아니고,
당시 일반적인 로마인은
대부분 그랬다고 한다.
당시 서로마는 붕괴
직전의 카오스였다.

아우구스티누스는 〈고백록〉에서 개종의 순간을 극적으로 묘사했다.
그는 세속적 성공과 신앙 사이에서 갈등하던 중
'집어서 읽으라!'는 어린아이의 목소리를 듣게 된다.
계시를 받은 사람처럼 신약성경을 펼치자
성경에는 다음과 같은 구절이 있었다고 한다.

"낮에와 같이 단정히 행하고
방탕하거나 술 취하지 말며
음란하거나 호색하지 말며
다투거나 시기하지 말고,
오직 주 예수 그리스도로
옷 입고 정욕을 위하여
육신의 일을 도모하지 말라."*

* 로마서 13장 13~14절

아우구스티누스는 지난날의 악행에 강한 죄의식을 느꼈다.
그래서인지 그는 인간이 저지르는 죄와 세상에 존재하는 악의 문제에 관심이 많았다.

대체 악이란 무엇이고,
인간은 어떻게 죄에서
벗어날 수 있는가?

그는 신플라톤주의의 영향을 받아 악이란 선의 결핍이라고 생각했다.
악이란 존재가 따로 있는 것이 아니라 선의 부족함이 악이란 것이다.

아우구스티누스는 완전무결한 하나님이 우주와 인간을 올바르게 창조했다고 믿었다.
하지만 인간이 가진 자유의지에 따라 스스로 타락했다고 보았다.
최초의 인류인 아담이 선악과를 따먹는 죄를 저지른 탓에
후대 모든 인간은 죄의 성향을 짊어지게 되었다는 것이다.

아우구스티누스에 따르면 보잘것없고 약한 인간은 스스로 죄에서 벗어날 수 없다.
신의 은총, 즉 인간에 대한 하나님의 사랑만이 인간을 구원할 수 있다.

그는 전지전능한 하나님이 인간의 모든 행동과 운명을 알고 있다고 생각했다.
그렇기 때문에 하나님의 불가해한 뜻에 따라
구원받을 사람도 이미 예정되어 있다고 믿었다.

그는 이 세계 역시 하나님이 창조했다고 믿었다.
그 말은 신이 아무것도 없는 무의 상태에서 무언가를 만들었다는 뜻이다.
예로부터 고대 그리스 철학자들은 무로부터 생성은 불가능하다고 생각 했지만
아우구스티누스는 이 문제를 해결하고 싶어 했다.

아우구스티누스에게 신은 세계를 초월하여 존재한다.
심지어 시간마저 초월한다. 신은 시간의 흐름 밖에서 영원히 존재한다.
그렇기 때문에 그는 신이 세계를 창조할 때 시간까지 창조했다고 이야기한다.

이러한 생각은 그의 독특한 시간론으로 이어진다.
일반적으로 시간은 과거, 현재, 미래로 나누어져 있다고 생각한다.
그렇지만 그는 '과거는 현재의 기억이고, 미래는 현재의 기대'이기 때문에
현실적으로 존재하는 것은 오직 현재뿐이라고 생각했다.

〈고백록〉에 이은 그의 두 번째 대표작은 〈신국론〉이다.
〈신국론〉은 서고트족의 침략으로 로마가 함락되자, 로마 몰락의 원인을
고대 신을 몰아낸 기독교라는 사람들의 주장에 반박하기 위해 쓰였다.

아우구스티누스는 로마 쇠퇴의 원인은 기독교가 아니라
로마 제국의 오만과 악덕이라고 생각했다.
그는 기독교 이전 시대에 일어난 끔찍한 사건을 언급하며
로마에서 벌어진 약탈은 다른 곳에서 일어났던 사건보다 더 비참하지 않았고
오히려 기독교도인 고트족이 교회까지 침범하지 않은 탓에
약탈의 강도가 덜했다고 이야기한다.

아우구스티누스는 인류의 역사를 지상의 나라와
신의 나라의 끊임없는 대립으로 파악했다.
탐욕적이고 방자한 지상의 나라는 국가에서 나타나고
자비롭고 아름다운 신의 나라는 교회에서 나타난다.

아우구스티누스는 암브로시우스의 세례를 받은 후, 은둔하며 지내길 원했지만
아프리카에 있는 도시 히포의 사제로 임명되었고, 이윽고 주교가 되었다.
히포에서 그는 〈신국론〉을 비롯한 100여 권의 책과 500권 이상의 설교집을 썼고
유럽의 반달족이 히포까지 건너와 로마를 유린하는 동안에 세상을 떠났다.

신앙이란 무엇이고 믿음은 인간에게 어떤 영향을 미칠까?
아우구스티누스는 일단 신앙을 가져야만
보이지 않는 것을 볼 수 있게 된다고 이야기한다.
인간은 신이 주는 빛을 받아 진리를 인식할 수 있고
그 빛은 신을 믿고 신앙을 가져야만 얻을 수 있기 때문이다.

아우구스티누스는
신앙을 가진 뒤,
전혀 다른 사람이 되었지.
애인과 교사직도 포기하고
기독교를 위해 살았으니까.

나에게도 무언가에 대한 확신이나 믿음이 있는지 생각해 본다.
그리고 그러한 믿음이 내 마음을 안녕하게 하고
내 삶을 변화시킬 수 있다고 상상해 본다.

나에게 신앙 비슷한 게 있다면 내가 믿는 대상은 종교는 아닐 것 같다.
아우구스티누스는 믿어야 알 수 있다고 이야기했지만
나는 알아야 믿을 수 있는 사람이기 때문이다.

17

믿는 것과 아는 것

안셀무스

1033~1109

Anselmus

존재론적 신 존재 증명으로
철학사에 숙제를 남긴 영국 켄터베리의 대주교

철학사적 맥락에서 중세를 규정하는 주요 키워드 중 하나는 '보편 논쟁'이다.
소위 보편자와 개별자의 관계는 중세 지식인들 사이에서 가장 날카로운 쟁점이었다.

예를 들면 소크라테스, 플라톤, 아리스토텔레스라는
각각의 인물은 개별자이고, 인간이라는 범주는 보편자이다.
그렇다면 인간이라는 보편자는 실제로 존재할까?
바로 이것이 중세 철학의 화두였다.

보편자가 실재한다는 주장을 '실재론', 보편자는 관념일 뿐이고
개별자만 존재한다는 주장을 '유명론'이라고 한다.
당시의 교회는 실재론을 지지하며 이 문제를 심각하게 고민했다.

실재론자들은 유명론자들이 납득할 수 있는 방식으로 신의 존재를 논증하고자 했는데
그 대표적인 인물이 영국의 수도사이자 스콜라 철학의 아버지로 불리는 안셀무스이다.

안셀무스 1033~1109

스콜라 철학이란 중세 유럽에서 유행한 신학 바탕의 철학 체계를 뜻한다. 스콜라는 프랑크 왕국의 왕이자 서로마의 황제였던 샤를마뉴(Charlemagne)의 지원으로 설립된 학교를 뜻하는 말로, 주로 교회나 수도원의 부속 기관으로 설립되었다.

안셀무스는 이탈리아 북서부에 위치한 아오스타라는 지역에서 태어났다. 그는 방탕한 아버지와의 갈등으로 20대에 집을 나와 프랑스 전역을 떠돌아다녔고 이후 프랑스 북부 노르망디에 있는 베크의 베네딕트 수도원에 자리 잡았다.

곧 그는 정식 수도사가 되었고, 나중에 수도원장이 되었다.
이 시기의 안셀무스는 여러 저술을 남기며
베크 수도원을 프랑스 최고 수도원으로 발전시켰고
종국에는 영국 교회의 지도자인 캔터베리의 대주교로 임명되었다.

···

대주교가 되면서
정치적 분쟁에
휘말리는 바람에
한때 영국에서
추방되기도 했다.

당시 안셀무스의 심정은 교황에게 보낸 편지로 짐작할 수 있다.

"저는 이미 4년이나 대주교로 있습니다만,
현재까지 아무것도 하지 못했습니다.
저는 지금까지 아무런 의미도 없이 지내고 있으며,
무절제하고 혐오스러울 정도로 영혼의 혼란을 겪었습니다.
그래서 저는 날마다 영국으로부터 멀리 떨어진 곳에서 죽는 곳이
차라리 영국에서 사는 것보다 나을 것이라고 생각했습니다." *

* 김영철 지음, 『안셀무스 - 기독교에 이성을 접목한 사상가』, 살림, 2006, p25~26

안셀무스는 이런 마음의 소요에도 불구하고
철학적, 종교적으로 중요한 저작을 써 내려갔다.
종교사에서 그는 이단과 세속 정치 권력에 맞선 성인으로 이름을 남겼지만
철학사에 그는 신 존재 증명으로 유명해졌다.

안셀무스는 교회의 권위나 계시의 도움 없이 순수하게
이성만으로 신의 존재를 증명할 수 있다고 생각했다.
그렇기 때문에 그는 '그 자체 이외에는 어떤 증명도
필요로 하지 않는 하나의 단일한 논증'을 찾고자 했다.

이 증명은 안셀무스의 저작 〈프로슬로기온〉을 통해 알려졌다.
그의 논증은 '신은 그보다 위대한 존재를 생각할 수 없는
가장 완전한 존재'라는 전제에서 논의된다.

안셀무스는 시편 14장 1절의 다음과 같은 부분을 인용하며
자신의 논증을 도발적으로 시작했다.
"어리석은 자는 그의 마음에 이르기를 하나님이 없다 하도다."

안셀무스는 신을 부인하는 어리석은 자는
자기모순에 빠졌다고 지적하며 이렇게 주장했다.
"아무리 신의 존재를 부정하는 사람이라 할지라도
최소한 자신의 마음속에 있는 신이란 관념은 인정할 것이다."

하지만 '그보다 위대한 존재를 생각할 수 없는 가장 완전한 존재'는
그 정의상 실제로도 존재할 수밖에 없다.
안셀무스에 따르면 마음속에만 존재하는 것보다
실제로 존재하는 것이 더 위대하기 때문이다.

안셀무스의 존재론적 증명은 즉각 커다란 반향을 불러일으켰다.
동시대 인물인 수도사 가우닐로(Gaunilo)는 〈어리석은 자를 대신하여〉라는 책에서
안셀무스의 논증을 이렇게 반박했다.

가우닐로는 '가장 이상적이고 완벽한 섬'을 예로 들었다.
우리가 만약 다른 어떤 섬보다 아름답고 훌륭한 섬의 관념을 마음속에 가질 수 있다면
그 섬 역시 필연적으로 존재할 수밖에 없다는 것이다.

이에 대하여 안셀무스는 '완벽한 섬'이라는 관념과
'신'에 대한 관념은 같은 논리로 추론할 수 없다며 응수했다.
'완벽한 섬'이란 관념은 특정할 수 없고 그 자체로 모순이며
'신'이란 관념 안에는 이미 '그보다 위대한 존재를 생각할 수 없는 가장 완전한 존재'
라는 정의가 포함되어 있기에 그 둘은 전혀 다른 성격이라는 것이다.

안셀무스의 존재론적 논증은 후대까지 찬반양론이 제기되며 지속적인 관심을 끌었다.
중세 철학의 기둥 토마스 아퀴나스뿐 아니라 근대의 합리주의 철학자들,
칸트, 헤겔, 러셀 등이 이 논증을 논박하거나 긍정하며 이 증명을 다루었다.

적어도 철학사에서 중요한 것은 이 논증의 옳고 그름이 아니었다.
보다 중요한 것은 이성이 신앙에 종속한다고 생각했던 수도사가
이성을 통해 신앙을 추구함으로써 이성과 신앙의 조화를 꾀했다는 사실이다.

보통은 믿기 위해 우선 알아야 한다고 생각하지만,
안셀무스는 이렇게 말한다. "나는 알기 위해 믿는다."
이 유명한 신학적 명제는 믿음이 없다면 인식도 없다는 뜻이기도 하지만
진정한 신앙은 이성적인 인식이 필요하다는 뜻이기도 하다.

나에게 안셀무스의 합리적 태도는 내가 가진 맹목적인 믿음을
다시 한번 돌아보라는 경고처럼 읽힌다.
꼭 종교적 신앙이 아닐지라도 말이다.

아니, 애초에 내가 지금 믿고 있는 것들은 모두
그것에 대해 알고 나서 믿음이 시작된 걸까?
그것에 대해 잘 모르면서 옳다고 믿는 것이 하나도 없다고 말할 수 있을까?

나는 내가 알아야만 믿을 수 있는 사람인 줄 알았다.
아니, 그렇게 믿었다.

앎이 먼저일까, 믿음이 먼저일까.
어쩌면 앎이란 것도 안다고 믿고 있는 것은 아닐까?
믿음의 속성이 앎이고, 앎의 속성은 믿음이라면
알기 위한 믿음이나 믿기 위한 앎은 같은 것일지도 모르겠다.

18

덕후 만세!

이븐 루시드

1126~1198

Ibn Rushd

외면당하던 아리스토텔레스를 부활시킨!
자타 공인 아리스토텔레스 덕후

서양철학사에서 가장 유명한 그림을 꼽으라면 르네상스
시대의 화가 라파엘로가 그린 〈아테네 학당〉일 것이다.
〈아테네 학당〉에는 고대의 거인 플라톤과 아리스토텔레스를 중심으로 피타고라스,
헤라클레이토스, 소크라테스, 디오게네스, 에피쿠로스, 플로티노스 등이 그려져 있다.

▲ 바티칸 궁전의 벽면에 그려진 그림으로 철학을 상징하는 그림이다.

이 그림에는 그 밖에도 여러 인물이 등장하지만
자세히 보다 보면 특이하게도 터번을 쓴 이국적인 분위기의
철학자 한 명을 발견할 수 있다.

서양철학사의
올스타가 모인 자리에
이슬람 학자라니?

대체
누구지?

그의 이름은 이븐 루시드, 스페인의 코르도바에서 태어난 이슬람 철학자이다.
라틴어 이름인 아베로에스(Averroes)로 불리기도 한다.

이븐 루시드 1126~1198

초기 서유럽의 기독교 신학은 궁합이 좋은 플라톤 철학과
짝꿍을 이룸으로써 아리스토텔레스의 철학과는 소원해졌다.
그렇게 버림받아 구겨져 있던 아리스토텔레스를 발견하여
활짝 펼친 것이 다름 아닌 이슬람 세계였다.

▲ 이슬람 지식인들.

이슬람 신학에서도 처음에는 신플라톤주의가 성행했다.
하지만 아리스토텔레스를 이단으로 취급하며 멀리하던 기독교 세계와는 달리
이슬람 세계에서는 아리스토텔레스를 근처에 두고 꾸준히 연구했다.

이븐 루시드는 법조 가문 출신으로 그 자신도 법관이
되었다가 나중에는 궁정 의사가 되었다.
그는 이슬람 공동체 최고 수장인 칼리프(caliph)의 후원을 받으며
아리스토텔레스의 저작을 해석하는 일에 몰두했고,
종국에는 자타공인 아리스토텔레스 덕후가 되었다.

250

이븐 루시드 이전에 이슬람에 소개되었던 아리스토텔레스의
저서들은 신플라톤주의를 보완하기 위한 도구적 성격이 강했다.
하지만 그는 순수한 아리스토텔레스의 사상을 명확하게 전하고자 했고
이슬람 교리와 어긋나는 명제들까지 거침없이 전달했다.

그는 아리스토텔레스의 견해에 따라 변화를 통해
무한히 지속하는 물질세계와 사멸하는 영혼을 주장했다.
그 말은 창조설과 최후의 심판, 영혼 불멸설을 믿는 사람들을 펄쩍 뛰게 만들었다.

그렇다고 이본 루시드가 아리스토텔레스의 주석 작업에만 매달린 것은 아니었다.
그의 대표작 중 하나인 <모순의 모순>은 '지나친 이성의 사용은
계시의 내용을 왜곡할 수 있으므로 제한적으로 사용해야 한다'는
알 가잘리(Al-Ghazali)의 <철학자들의 모순>이란 책에 대한 반박서로 유명하다.

이본 루시드는 <모순의 모순>에서 철학과 종교는 서로 모순되지 않으며
오히려 신은 이성과 철학의 사용을 명령한다고 주장한다.

그에게 있어서 아리스토텔레스의 철학과 이슬람 신학을 조화시키는 일은 중요한 문제였다.
그는 이 문제를 해결하기 위해 선배 철학자 이븐 시나(Avicenna)로부터 힌트를 얻었다.

이븐 시나 980 ~ 1037

* 신플라톤주의에 아리스토텔레스의 사상을
결합한 이슬람 철학자. 아비센나라고도 한다.

이븐 시나는 중세 핫이슈였던 보편자의 존재를 고민하며 다음과 같은 결론을 내렸다.
"보편자는 개별자에 앞서 존재하고, 개별자의 속에 존재하며, 개별자의 뒤에 존재한다."

무슨 말이지?

신이 개별자를 창조하기 위해선 먼저
신의 지성에 개별자의 관념이 존재해야 하기에 '앞서' 존재한다.
또한 구체적 현실에서 개별자의 속성은 개별자의 '속'에 존재한다.
그리고 인간에게 개별자는 인간이 각각의 개별자를 인식한 이후
보편자라는 관념에 도달하기에 '뒤'에 존재한다.

플라톤과
아리스토텔레스의
절묘한 종합이군.

이븐 시나는 보편자 문제를 신과 자연 그리고 인간의 관점으로 나누어 생각했다.
마찬가지로 이븐 루시드는 철학적 진리의 관점과 신학적 진리의 관점을 나누어 생각했다.

이른바
'이중진리론'으로
알려진 이론이다.

그에 따르면 철학적 진리는 학식 있는 사람들이 이해해야 하는 진리고
신학적 진리는 대중이 받아들여야 하는 진리다.
철학적 진리는 가장 정확한 신의 뜻이지만 높은 지적 능력을 요구하기에
일반 대중은 비유로 표현된 코란에서 진리를 추구하는 것이 좋다.

그렇기 때문에 그는 시적으로 표현된 종교적 진리가
철학적 진리에 모순된다면, 그 글은 반드시 해석되어야 한다고 주장했다.

이븐 루시드의 주장은 종교적 진리에 대한 철학적 진리의 우위로 해석될 여지가 있었고,
이에 분노한 정통 신학자들은 이븐 루시드를 이단으로 몰아세웠다.
결국 그는 관직에서 쫓겨나 유배형을 받았고, 그의 저작들은 불길 속에 던져졌다.

▲ 당시 칼리프였던 야쿠브 알 만수르

철학적으로 신앙을 논증하려 했던 이븐 루시드의
이성주의는 서양의 합리주의 전통으로 합류하게 된다.
하지만 서양철학사에서 그를 비중 있게 다루는 진짜 이유는 무엇보다 서유럽에서
소외되었던 아리스토텔레스를 부활시키는 데 결정적 역할을 했기 때문일 것이다.

아이러니한 이야기지만 이븐 루시드는 이슬람 세계가
아닌 기독교 세계에 더욱 커다란 영향을 미쳤다.
그가 없었다면 서양 중세 철학의 가장 중요한 인물인
토마스 아퀴나스가 없었을 수도 있기 때문이다.

토마스
아퀴나스는
다음 챕터에
등장하지.

서양철학사에서 이븐 루시드는 아리스토텔레스의
지지자, 광팬, 추종자 등으로 그려지곤 한다.
그 표현이 정확하다면 이븐 루시드는 마음속 깊이
아리스토텔레스를 흠모했을 것이다.

같은 시대를
살았었다면
사생팬이
되었을지도?

이븐 루시드가 아리스토텔레스를 접하고 세계관이 바뀌었던 것처럼
인생에서 어떤 경험은 자신을 다른 사람으로 바꾸어 놓기도 한다.
사람이 변화한다는 것은 무언가를 겪고 나서 그것을 겪기 전의
자기 자신으로 도저히 돌아갈 수 없을 때 벌어지는 불가역적 현상이다.

나는 무언가를 좋아하고 사랑하는 일이란
결국 자기 자신을 변화시키는 일이라고 생각한다.

변화 없는 삶도 뭐라 할 수 없는 하나의 선택이지만
나는 내 인생이 때때로 변덕스럽길 소망한다.
대체로 인생은 지루하고, 변화는 언제나 신비롭기 때문이다.

19

정리의 마법

토마스 아퀴나스

1225?~1274

Thomas Aquinas

플라톤 철학과 아리스토텔레스 철학을
신학의 울타리 안에서 정갈하게 종합한 중세 대표 철학자

나에게는 약한 정리 강박이 있다.
어지럽게 흐트러져 있는 물건을 모아 질서를 갖춘
상태를 유지해야만 마음이 평온해지는 것이다.

일본 최고의 정리 컨설턴트이자 자타공인 정리 오타쿠인
곤도 마리에는 자신의 저서에 이런 말을 남겼다.
" 정리를 하면 인생이 극적으로 달라진다."

정리가 사람의 인생을 극적으로 바꿀 수 있을지는 모르겠지만
정리를 떠올리면 생각나는 철학자가 있다.
바로 스콜라 철학의 화룡점정이자 가장 대표적인
중세 철학자인 토마스 아퀴나스이다.

"현자의 임무는 정리다."

토마스 아퀴나스 1225? ~ 1274

토마스 아퀴나스는 기독교 주류 철학이던 플라톤과 오랫동안
홀대받던 아리스토텔레스의 철학을 통합하여 기독교의 교리로
질서 있게 정리하였고, 결국 중세 철학사를 통틀어
가장 위대한 철학자로 이름을 떨친 인물이다.

엄청난
거구로도
유명하다.

앞서 말했다시피 기독교의 시대였던 중세는 현실적인 아리스토텔레스와 잘 맞지 않았다. 물질세계를 탐구했던 아리스토텔레스의 자연철학은 기독교의 관심사가 아니기도 했지만, 무엇보다 이데아가 각각의 사물에 내재해 있다고 본 질료형상론은 범신론*으로 치우칠 위험이 있기 때문이었다.

아리스토텔레스는 이슬람 세계에서 보존되다가 십자군 전쟁을 계기로 유럽에 다시 알려지게 되었다.

＊ 자연의 모든 것이 신이며, 만물에 신이 내재해 있다고 보는 이론.

토마스 아퀴나스는 이탈리아에 있는 아퀴노 지방에서 귀족 집안의 아들로 태어났다. 그의 부모는 권력과 명예가 보장된 수도원장으로 성장할 아들을 기대하며 토마스 아퀴나스를 베네딕트 수도원으로 보냈다.

이후 나폴리 대학에 입학하여 공부를 이어갔지.

나폴리 대학에서 그는 아리스토텔레스의 사상에 눈을 뜨게 되었고
가족의 완강한 반대에도 불구하고 도미니크 수도회에 들어갔다.
도미니크 수도회는 탁발 수도회로 사유 재산을
갖지 않고 청빈을 강조한 엄격한 수도회였다.

이후 토마스 아퀴나스는 만물박사로 통하는
알베르투스 마그누스(Albertus Magnus)를 스승으로 만나게 되는데
알베르투스 마그누스는 아리스토텔레스를 받아들여 연구하던 인물이었다.

알베르투스 마그누스 1193?-1280

▲ 독일의 신학자이자 철학자. 토마스 아퀴나스와 함께 스콜라 철학을 완성했다.

토마스 아퀴나스는 아리스토텔레스의 저작들에 대한 주석을 비롯하여 방대한 저술을 남겼는데, 그중에서 가장 유명한 것이 〈대 이교도 대전〉과 〈신학 대전〉이다.

특히 〈신학대전〉은 비상식적인 분량으로 악명이 자자하다.

그는 신학과 철학의 조화를 추구하며 그 둘은 대립하거나 모순적이지 않으며 오히려 상호 보완적인 관계라고 생각했다. 이성과 계시는 둘 다 신이 인간에게 부여한 것이기에 충돌할 수 없다는 것이다.

철학적 이성과 계시적 신앙을 함께 사용해야 완전한 진리에 도달할 수 있다.

토마스 아퀴나스는 오직 순수한 믿음을 통해서 받아들일 수 있는
초자연적 진리와 철학으로 증명할 수 있는 이성적 진리를 구분했다.
이를테면 기독교의 삼위일체, 육신의 부활, 최후의 심판은 전자의 영역이지만
신의 존재나 영혼의 불멸성은 후자의 영역으로 보았다.

토마스 아퀴나스는 안셀무스의 존재론적 논증을 받아들이지 않았다.
안셀무스의 신 존재 증명은 신의 '본질'에서 신의 '존재'를 추론했기 때문이었다.
본질에 대한 설명이 존재를 보증하지도 않거니와 신의 본질은 인간이 알 수 없으므로
신의 존재는 특정한 결과들에 의해 증명되어야 한다는 것이 토마스 아퀴나스의 생각이었다.

토마스 아퀴나스는 〈신학 대전〉에서 신의 존재를
다섯 가지로 방법으로 논증했다. 첫 번째 증명은 이것이다.
모든 사물은 운동 상태에 있는데, 모든 사물은 다른 어떤 것에 의해 움직인다.
이 운동을 더듬어가면 스스로 움직인 최초의 운동자가 필요한데, 그 존재가 신이다.

두 번째 증명에서는 만물은 어떤 것의 원인으로 작용한 결과라고 가정한다.
세계에 존재하는 여러 원인의 질서를 끝까지 추적하다 보면
최초의 원인이 필요한데, 그 존재가 신이라는 것이다.

세 번째 증명은 이렇다. 만물은 존재할 수도 있고, 존재하지 않을 수도 있다. 그렇다면 우연의 배후에서 필연적으로 존재하는 사물에 필연성을 부여하는 무언가가 필요한데, 이 필연의 궁극에 있는 것이 신이라는 것이다.

첫 번째에서 세 번째 논증까지를 우주론적 논증이라고 부른다.

네 번째 증명은 플라톤이 떠오르는 방식이다.
모든 사물은 비교하여 완전성의 등급을 나눌 수 있고,
비교의 기준이 되는 지고(至高)의 존재가 필요하다.
그 존재가 바로 신이다.

A는 B보다 선하고 C는 D보다 훌륭하다는 식으로 비교할 수 있는 것은 어떤 최고의 존재가 있기 때문이다.

마지막으로 다섯 번째 증명은 목적론적 논증으로 불리는 방법이다.
세상은 어떤 목적에 따라 계획적으로 나아가고
세상의 목적을 인도하는 지성적 존재가 있을 수밖에 없다.
그 존재를 신이라고 부른다.

토마스 아퀴나스는 윤리학에서도 아리스토텔레스의 관점을 받아들여 새롭게 정리했다.
아리스토텔레스는 인간의 궁극적 목적을 행복으로 규정했는데
토마스 아퀴나스는 이것을 부분적인 행복에 불과하다고 보았다.

그의 국가론 역시 아우구스티누스의 이론을 바탕으로
아리스토텔레스의 사상을 종합하여 개량한 것이다.
기본적으로 국가는 교회 아래 있지만, 국가는 국가만의
고유한 목적과 역할이 있다고 주장한 것이다.

아우구스티누스는
국가를 악으로
간주했지만,
토마스 아퀴나스는
그렇게 생각하지
않았어.

토마스 아퀴나스는 말년에 나폴리 대학으로 돌아가 강의와
집필을 이어나가다가, 1273년 돌연 모든 활동을 중단했다.
그에 따르면 '내가 이제껏 쓴 것들은, 내가 보았고 나에게
계시된 것에 비하면 한낱 지푸라기처럼 느껴졌기' 때문이었다.

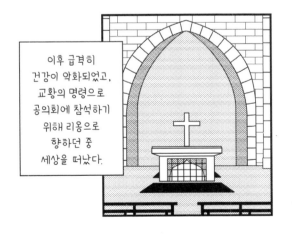

이후 급격히
건강이 악화되었고,
교황의 명령으로
공의회에 참석하기
위해 리옹으로
향하던 중
세상을 떠났다.

토마스 아퀴나스는 죽은 지 49년이 되는 해인 1323년
가톨릭의 성인으로 시성 되었고, 1576년 신학과 교리에 큰 공로를
세운 학자에게 주어지는 칭호인 교회 박사(Doctor ecclesiae)로 인정받았으며,
1879년 토마스 아퀴나스의 사상 체계는 가톨릭의 공식 철학으로 지정되었다.

20세기 영국 철학자 버트런드 러셀은 〈서양철학사〉를 집필하며
토마스 아퀴나스가 독창적이지는 않지만, 체계화 능력이 뛰어났다고 평했다.
다른 서양철학사에서도 토마스 아퀴나스는 종합과 절충의 달인으로 평가받는다.

* 남경태 지음, 『사람이 알아야 할 모든 것 철학』, 들녘, 2007, p189

나에게는 토마스 아퀴나스처럼 중요하고 복잡한 무언가를 종합하고 정리할 능력은 없다.
다만 내 나름대로 정리해 나갈 수 있는 소소한 일들을 차근차근 정리해 보고 싶다.

나는 이제껏 새롭고 창의적인 무언가를 내놓는 것이
작가로서 추구해야 할 유일한 가치라고 믿었다.
하지만 토마스 아퀴나스를 읽으며 무언가를 종합하고
정리하는 일도 근사한 일이라는 생각이 든다.

20

지적 허영을 위한 책 읽기

· 윌리엄 오컴 ·

1285? ~ 1349

William of Ockham

천 년 동안 신학에 종속되었던
철학을 해방한 근대 철학의 아버지

자칭 애서가라면 당연히 읽어야 할 것 같은 작가들이 있다.
괜스레 남들보다 뒤처지는 기분 탓에 내용도 모르면서
작가 이름만 보고 덜컥 구입한 책이 얼마나 많은지 모르겠다.

이런 식으로 접근해서 읽게 된 책 중 한 권이 기호학자이자
철학자인 움베르토 에코의 소설 〈장미의 이름〉이다.
당시 끙끙여서 완독했음에도 불구하고
이 책에 대해 기억나는 것은 한 가지뿐이다.

<장미의 이름>은 중세 어느 수도원에서 일어난 살인사건을
파헤치는 수도사 윌리엄과 그의 제자 아드소의 이야기다.
흥미로운 것은 소설의 주인공인 윌리엄의 실제 모델이 오컴의 면도날로
유명한 중세 신학자이자 철학자 윌리엄 오컴이라는 사실이다.

아예
윌리엄 오컴을
주인공으로
할까도
생각했었죠.

윌리엄
오컴?

▲ 움베르토 에코

윌리엄 오컴은 1280년에서 1300년 사이 영국 오컴이란 지역에서 태어났다.
무소유와 자선을 강조한 프란체스코 수도회 소속으로 옥스퍼드에서 공부하고 가르쳤다.

윌리엄 오컴이란 이름은
오컴이란 지방의
윌리엄이라는 뜻으로,
오컴의 윌리엄이라고
부르기도 한다.
(토마스 아퀴나스도
아퀴노의 토마스라는
뜻이다.)

윌리엄 오컴 1285? ~ 1349

그는 프란체스코 수도회와 교황 요한 22세가 벌인
청빈 논쟁에 연루되면서 이단으로 찍혔고, 결과적으로
당시 교황과 대립각을 세우던 황제의 편에 서게 되었다.
당시 윌리엄 오컴이 교황에게 달아나 바이에른의 황제
루트비히 4세에게 한 말은 유명하다.

"당신이 검으로
저를 지켜주신다면,
저는 펜으로 당신을
지켜드리겠습니다."

오늘날 윌리엄 오컴이란 이름은 '오컴의 면도날'이라는 검약의 원칙으로 유명하다.
오컴의 면도날은 일종의 사고방식으로, 설명에 있어서 최소한을 추구하고
필연적인 것 외에 쓸데없는 것은 면도날로 잘라내는 편이 낫다는 이야기다.

괜히 복잡하게
만들지 말라.
더 적은 수의 논리로
설명할 수 있는 것을
더 많은 수의 논리로
설명하는 것은
헛된 짓이다.

그는 신학자들 사이의 논쟁에서 무의미하거나 불필요한 전제를
잘라내기 위해 오컴의 면도날을 제안했고, 다른 요소가
동일하다면 단순한 설명이 최선이라 생각했다.
오늘날 오컴의 면도날은 '사고 절약의 원칙',
'단순성의 원칙', '경제성의 원칙' 등으로 불리기도 한다.

한 가지 주의할 점은 오컴의 면도날이 진위 판단의 근거가 되는 건 아니라는 것이다.
즉 단순한 설명과 복잡한 설명이 있을 경우, 오컴의 면도날을
근거로 단순한 설명이 옳다고 추론하는 것은 잘못이다.

윌리엄 오컴은 중세 뜨거운 감자였던 보편 논쟁에서 대표적인 유명론자이기도 하다.
유명론(唯名論)은 보편자처럼 애매하고 불확실한 대상을 잘라내고,
존재하는 것은 오직 개별자뿐이며 개별자들 사이의
공통적인 것은 오직[唯] 이름 [名]뿐이라는 이론이다.

예를 들어 '소크라테스'라는 개별자는 관찰과
경험이라는 직관적 인식을 통해 확실성을 제공받는다.
그러나 '인간'이라는 보편자는 개별자들 사이의 유사성을 보고
유추한 개념으로 단지 언어로 명명된 이름에 불과하다는 것이다.

그는 보편자가 사물의 앞이나 속에 존재한다고 생각하지 않았다.
그에게 보편자란 사물이 존재하고 난 후 관념으로 정신 속에 나타나는 것이었다.
즉 보편자는 사물 뒤에서만 존재한다는 것이다.

보편자는 기호일 뿐이지만, 그마저도 애매하고
막연한 기호라는 것이 윌리엄 오컴의 생각이었다.
왜냐하면 하나의 기호에 하나의 대상이 상응해야 정확한 기호일 것이고,
기호에 포함하는 대상이 많으면 많을수록 부정확해지기 때문이었다.

토마스 아퀴나스는 신학을 믿음으로 인식 가능한 계시 신학과
이성으로 설명 가능한 자연 신학으로 구분 지었다.
하지만 윌리엄 오컴은 신의 의지는 인간이 이해할 수 없고,
오직 계시로만 드러나기에 모든 신학은 계시 신학이라 잘라 말한다.

신앙과 이성의 관계는 중세 지식인들의 오랜 골칫거리였다.
그동안 스콜라 철학자들은 신학의 테두리 안에서 철학을 조화시키고자 노력했다.
하지만 윌리엄 오컴은 신학과 철학을 깨끗하게 분리함으로써
천 년 동안 신학의 시녀로 복무하던 철학을 독립시켰다.

윌리엄 오컴의 또 다른 특징은 이성보다 의지가
우위에 있다는 입장인 주의주의(主意主義)를 들 수 있다.
그는 이 세상이 신의 '이성'에 의해 만들어진 것이 아니라
신의 '의지'에 따라 창조된 것이라고 보았다.

만약 이성이 의지를 지배하는 것이라면, 신 자신의 의지도
이성에 의해 제약을 받을 것이다. 하지만 신은 전능하다.
신은 이성적으로 합당하기에 무언가를 원한 것이 아니라
신이 원했기 때문에 그것이 이성적으로 합당한 것이
된다는 게 윌리엄 오컴의 생각이었다.

* 13세기 영국 스콜라 철학자. 토마스 아퀴나스.
윌리엄 오컴과 함께 중세 후기 빅3 철학자 중 한 명이다.

그의 주의주의적 세계관은 흥미로운 윤리관을 이끌어냈다.
도덕적인 옳고 그름은 이성적으로 옳기 때문에 옳은 것이 아니라
신이 그것을 옳은 것으로 원했기 때문에 그렇게 정해졌다는 것이다.
즉 세상의 도덕 법칙은 합리적이라기보다 자의적이라는 이야기다.

만약 신이
도둑질을 옳은 것으로
정했다면 도둑질은
도덕적으로 옳은 일이
될 수도 있었겠네요?

그렇네.
하지만 그렇게
하지 않으셨지.

윌리엄 오컴은 진지하고 헌신적인 종교인이었다.
그럼에도 그는 교회가 세속 권력을 행사하는 것을 비판하며
교회의 과제는 종교 영역에 머물러야 한다고 주장했다.

"교황은 그 어떤
인간적 존재에게서도
자연권을 앗아
갈 권한이 없다!"

그렇다고 세속적 권력을 황제가 독점해야 한다고 주장한 것은 아니었다.
세속적 권력은 왕이 갖지만, 지배의 정당성은 시민의 동의에 의거하며
의무를 충실히 이행하지 않는 독재자는 시민이
죽일 권리를 갖는다는 것이 그의 생각이었다.

그는 루트비히 4세 황제의 보호 아래 교황 요한 22세를 비판하는 등
여러 급진적인 주장을 펼쳤으나, 1347년 황제의
갑작스러운 죽음으로 든든한 방패를 잃어버렸다.
이후 기록은 불확실한데, 훗날 뮌헨에서 흑사병이
창궐하던 시기에 죽은 것으로 추정된다.

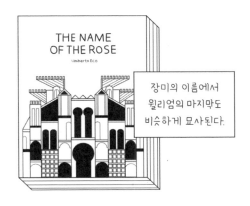

형이상학적 사변을 거부하고 개별적인 감각과 경험적 지식을 중시했던
윌리엄 오컴의 사상은 근대 영국 경험주의의 싹을 틔워 주었고
20세기 논리 실증주의로 이어졌다.

나는 윌리엄 오컴을 생각하면 〈장미의 이름〉이 떠오르고,
〈장미의 이름〉을 생각하면 대책 없이 용감 무식하게 구입한 구입한 책들이 떠오른다.
그 책들은 이성적인 계획으로 합리적으로 구입했다기보다
충동적인 의지가 제멋대로 작용한 결과이기도 하다.

윌리엄 오컴은 불필요한 것을 늘려서는 안 된다고 충고한다. 맞는 말이다.
하지만 이 말을 뒤집으면 필요한 것은 늘려도 된다는 이야기이기도 하다.
그렇다면 필요의 기준은 무엇으로 결정되는 것일까?

'어쩐지 읽어야만 할 것 같은 정체불명의 책'을 읽지 않았다면
나는 지금의 내가 아닐 거라는 생각이 든다.
이런 식으로 읽게 된 책들은 지금의 나를 구성하는 매우 중요한 부분이고
나라는 존재는 지금까지 읽었던 책, 봤던 영화, 들었던 음악,
만났던 사람 등의 총체적 종합이기 때문이다.

* 정재윤 지음,『재윤의 삶』, 미메시스, 2019, p 65

287

나는 지금의 나를 (대체로) 좋아한다.
이렇게라도 책을 읽게 되어 다행이라 생각한다.
그렇기 때문에 지적 허영을 위한 독서는 앞으로도 계속될 것 같다.
무엇보다, 그냥 재밌으니까.

이제
다음 책은
뭐 읽지?

✦ 작가의 말 ✦

내가 가장 좋아하는 순간 중 한 가지는
읽고 있던 책의 마지막 페이지를 넘기는 순간이다.

벌여 놓고 매듭짓지 못한 수많은 일 중에서
작지만 하나라도 무언가 마무리 지었다는 사실이 반가운 것이다.

이 책을 덮을 때 여러분도 그랬으면 좋겠다.

만약 그런 기분이 느껴지지 않는다면
여러분은 이미 알고 있는 것이다.

아직, 중세 이후의 서양철학사가 남았다는 것을.

사실 서양철학사에서 가장 재미있는 부분은 근현대 파트다.
그러므로 이 책이 읽을 만했다면 구독과 좋아요…가 아니라
〈지적 허영을 위한 퇴근길 철학툰〉 근현대 편도 읽어 주셨으면 좋겠다.

근데
작가의 말을 이런 식으로 써도 되는 걸까?

- 끝 -